Reading Art

艺术中的阅读者

[英] 大卫·特里格 著　王晓丹 译

David Trigg

Art for Book Lovers

广西师范大学出版社
·桂林·

艺术中的阅读者
YI SHU ZHONG DE YUE DU ZHE

出版统筹：冯　波
责任编辑：谢　赫　韦小琴　秦　念
营销编辑：李迪斐　陈　芳
责任技编：王增元
封面设计：林　林

Original title: READING ART: ART FOR BOOK LOVERS © 2018 Phaidon Press Limited
This Edition published by Guangxi Normal University Press Group Co., Ltd. under licence from Phaidon Press Limited, of 2 Cooperage Yard, London E15 2QR, England
All rights reserved. No part of this publication may be reproduced, stored in a retrieval system or transmitted, in any form or by any means, electronic, mechanical, photocopying, recording or otherwise, without the prior permission of Phaidon Press.

著作权合同登记号桂图登字：20-2024-051 号

图书在版编目（CIP）数据

艺术中的阅读者 /（英）大卫·特里格著；王晓丹译. --桂林：广西师范大学出版社，2024.9. -- ISBN 978-7-5598-7055-1

Ⅰ．G256.1; J110.9

中国国家版本馆 CIP 数据核字第 2024S0C447 号

广西师范大学出版社出版发行
（广西桂林市五里店路 9 号　邮政编码：541004）
（网址：http://www.bbtpress.com）
出版人：黄轩庄
全国新华书店经销
中华商务联合印刷(广东)有限公司印刷
（深圳市龙岗区平湖镇春湖工业区 10 栋　邮政编码：518111）
开本：889 mm×1 194 mm　1/32
印张：10.875　　　　字数：200 千
2024 年 9 月第 1 版　　2024 年 9 月第 1 次印刷
定价：118.00 元

如发现印装质量问题，影响阅读，请与出版社发行部门联系调换。

READING ART

ART FOR BOOK LOVERS

珍贵之书

格温·约翰

约1910—1926年，木板布面油画
26.4 厘米 × 21 厘米（10 3/8 英寸 × 8 1/4 英寸）
私人收藏

前言

《艺术中的阅读者：爱书人的艺术》是一首赞歌，歌颂书这一件具有革命性的日常之物；展示了来自世界各地博物馆和私人藏家近300件以书为表现对象的艺术品。艺术品中的阅读者形象横贯历史，早在我们现今所知的书籍出现之前就已存在。过去的绘画和雕塑作品往往将关注点放在生活方式的改变上，比如服装、食物以及住房，而艺术品还可以揭示那些如今还能辨认的东西，正如它们第一次被描绘时的样子。在艺术家表现书籍和阅读场景时，我们看到了超越文化和时间的共通的人性时刻。

在这本"书籍之书"中，艺术作品的选择和编排都强调了不同时代和文化之间的联系。我们看到孩童在家识字或在校读书的情景，而书是代际关系的焦点。描绘成年人时是独自一人出现在众多场景中，摆出各种姿势——沉浸于书中、陷入沉思或迷失在片刻的闲暇中。有些作品中的阅读者，他们的目光或从书页上移开，或直视观者。还有一些阅读者眯起眼睛，凑近书页，或者将书置于一臂距离开外，而在最早描绘人们佩戴眼镜的图像里也出现了阅读者的形象。还有一些阅读者在打开的书旁昏昏欲睡，这样的形象老幼皆有。这些场景在上百年前已然入画，这些画面所捕捉到的瞬间仍能与我们产生关联。

在肖像画和静物画中出现书籍也许带有象征意味，用以表达画面主角或赞助人的智慧、财富或虔诚。在印刷机普及和大规模生产之前，书籍被视为珍宝，其本身便是精美的艺术品。到了近期，随着书籍变得越来越便宜，甚至可以随手扔掉，艺术家将书籍用作艺术创作的原材料——将封面、书页，甚至整本书用在油画、素描、雕塑以及装置作品中。

人们曾经以为不断发展的通信技术会使印刷书籍变得过时，然而印刷却是一项具有非凡耐力的技术。从21世纪的视角来看，与纸质书类似的媒介都显得有些古老，但并未过时，它与任何有赖于电池供电的电子阅读器一样具有交互性。为了实现它的功能，一本书必须由用户激活：打开封面，翻开书页，回顾内容，做些旁注或圈圈画画。在我们日益网络化的生活中，我们所消费的信息都处于监控和追踪之下；与此相反，纸质书为我们提供了完全私人化的、"离线"活动的机会。书籍似乎再次超越了它的时代。

弗吉尼亚·伍尔夫在她的最后一部小说《幕间》（1941年）中写到，"书籍是灵魂之镜"，它能揭示情感、态度和欲望的方方面面。艺术受到书籍和阅读的启发，为人类经验提供了多重反思：关于超越与枯燥、快乐与挫败、轻浮与激情、创造与毁灭等瞬间。此书向我们呈现了所有这些瞬间，它是文字世界与视觉世界之间的一次相遇。

阅读
艺术

想象一下，当虚荣自负的伪学者沃尔夫冈·洛齐乌什第一次看到自己被颇具讽刺意味地描绘成一堆书的面貌时（第327页），他是何等惊愕！这幅由意大利艺术家朱塞佩·阿钦博尔多（1527—1593年）所画的《图书管理员》意在嘲笑奥地利哈布斯堡皇家收藏室的总管、藏书家洛齐乌什。同时，这幅画传达了很多有关书籍的信息，比如它的生产方式、如何被使用，以及其在16世纪的社会地位等。举例来说，在这幅肖像画中，构成身体的大部分书籍是水平排列的，显示了这一时期书籍存储的方式；封面上华丽的黄金压印装饰表明这些书籍是贵重版本，而画中的眼镜和胡子分别是由书柜钥匙和灰尘掸子构成的，表明这些书籍是值得保护的珍品。由此可见，在艺术家的画笔下，洛齐乌什是一位精品书收藏家，尤其关注书籍的保护和保存。然而，这些用羊皮装订的书籍似乎从来没有被翻阅过。事实上，唯一一本打开的书在洛齐乌什的头顶，在他的视线之上。这一观念在16世纪初期荷兰艺术家希罗尼穆斯·博斯便探索过（第106页），其言下之意是，尽管这个男人爱书，但他很少读书。

对现代观者而言，将没有读过的书籍堆放在客厅书架上算不上任性妄为。然而在16世纪，这种行为是愚蠢的且招人嘲笑的。从某些方面来讲，阿钦博尔多作品中的图书管理员正如现代的书籍爱好者：囤积好书，不断扩充"阅读书单"。当阿钦博尔多构思这幅画时，他兴许想起了塞巴斯蒂安·布兰特于1494年的讽刺诗歌《愚人船》（第108页）中的那个书呆子。文艺复兴早期兴起了一股知识分子囤书热，然而他们囤书并非基于书籍内容，而是仅仅为了书籍本身。《图书管理员》这件作品讽刺的正是这种对待书籍的态度。

这幅绘画最吸引人的地方兴许是洛齐乌什与书籍之间紧密的同一性，以至于书籍便是他的化身。同样的，今天的一般藏书在很大程度上反映出藏书人的兴趣、品位、教育情况，甚至社会地位。我们所拥有的书籍正如我们性格的延伸。文森特·凡·高（1853—1890年）也曾探索过这一观念，他曾用一本平装小说来表现自己的境遇（第198页）。同样，德国艺术家汉斯-彼得·费尔德曼（出生于1941年）曾展出一张他个人藏书的实体尺寸照片，以此作为自画像（第310—311页）。将自我比作书籍其实是一个古老的观念，到了中世纪，随着"心之书"概念的提出而变得日益普及。在中世纪艺术中，人们将心灵比喻为蕴藏思想和情感的书籍，在艺术作品中书籍被描绘成心形，甚至手稿都被做成心形（第57页）。今天当我们谈论"像阅读一本书那样读一个人"，"做精神笔记"，又或"翻开新的一页"时，这些隐喻表明了书籍文化在塑造我们与世界以及彼此之间联系的方式上所达到的程度。

书籍是人类历史上极具影响力的物品。艺术家们提供了丰富的关于书籍地位变迁的视觉记录，尤其在西方艺术传统中。在中世纪绘画中，书籍是一种只有少数人才可使用的高贵物品，而当代的装置艺术突出了书籍作为一种大规模生产的商品已然随处可见。有时在肖像画中，书籍或代表某类特殊人群，比如基督教圣徒，或传达他们的文化地位；有时书籍或在提醒观者注意个人情操，或提醒观者切忌懒散。然而，无论是绘画、雕塑还是装置作品，无不在传达某种文化对书籍或读者的普遍态度。

圣徒和抄书员

毫无疑问，基督教和犹太教、伊斯兰教一样，都是与书籍有关的宗教。具体来说，它是有关古抄本的宗教，这种技术在中世纪早期取代了纸莎草手卷。古抄本与纸莎草手卷不同的是，后者是由一长串纸莎草黏合而成，而古抄本则是由多页纸张装订成书，并配有封面。书籍形式的变化不仅改变了书籍的物理形态，而且在近两千年里对西方文化的形成及其价值观和信仰的传播起到了重要作用。早期基督教圣书采用纸莎草手卷形式，到了6世纪，它在古希腊和古罗马世界里彻底被古抄本取代。代表《圣经》的古抄本图像很快就成为基督教艺术中一种根深蒂固的象征。在插图手稿如赞美诗和祈祷书中，经常看到圣徒持书或读书，这可能是对阅读者虔诚行为的映照。在教堂的湿壁画和祭坛画中，《圣经》图像是神职人员权力和权威的象征之一。到了13世纪，在中世纪教堂艺术中，书籍是常见的母题，在刻画时往往细致入微，赋色生动。

在现存最早的基督教手稿中，对于书籍的描绘出自四部福音书的作者，即马修、马克、路加以及约翰。当然,这四位福音书的作者可能是在纸莎草手卷上书写,但是到了8世纪,他们往往被描绘为中世纪的抄书员,从中可以一瞥当时修道院的抄写室,书籍和插图便是在抄写室里手写、手绘的(第215页)。在世界上现存最早的拉丁文圣经手抄本《阿米提奴抄本》中,出现了希伯来文《圣经》的编者以斯拉的形象,画中他正持笔在手抄本上写作(第208页)。在同一时期的林迪斯法恩福音书中也出现了圣马修抄书的相似场景(第212页)。将福音传道士描绘成抄书员,表明他们实则是抄书之人,而非作家。这些圣徒必须以手写的形式忠实记录上帝及其圣言。在艺术上,这一传统盛行了几百年,尽管在1439年前后,约翰内斯·古腾堡发明了印刷机(第71页)后,福音书传道士的角色从作家转变为读者。

一幅由荷兰艺术家彼得·阿尔岑(1508—1575年)所绘的架上作品反映了16世纪兴起的一股新的大众阅读文化(第209页)。四位福音传道士身居一座天堂般的图书馆阅览室里,聚精会神地阅读当代读者所熟悉的大块头印刷书籍,他们中很多人本身便是读者。毫无疑问,这些豪华书籍代表《圣经》,画面中的福音书作者便是以读者的身份来领受来自印刷文字的天启。在闪光的云中栖息的鸽子意指圣灵,以此强调这一场景的精神意义。到了17世纪,荷兰画家弗朗斯·哈尔斯(1582—1666年)将这些神圣的装饰统统去掉了。在他的画作《圣马修》中,他将这位福音传道士描绘成正在给一个小男孩读书的祖父(第143页)。在此画中,书籍所扮演的角色含糊不清,若没有画作的题名提示,就很难领悟画中的宗教主题。事实上,画中的马修形象更像是一个随性的阅读者,而不是勤勉的抄书员或勤奋的学者。

文学课

在12世纪末大学建立之前,修道院一直垄断着欧洲的书籍生产。智性生活从教会的掌控中解放出来,对书籍的写作方式、复制以及传播产生了重大影响。随着西方大学教育的兴起,对相应资源的需求与日俱增,其结果便是充满生机活力的图书贸易应运而生,以便满足学者、教师以及学生的需求。

乔瓦尼·达·莱尼亚诺是一位受人尊敬的意大利法学家,曾在博洛尼亚大学任教。他的坟墓上雕刻了一个14世纪的大学讲座场景(第136页)。这件雕塑作品由雅各贝罗和皮耶尔保罗·达勒·马赛格尼(活跃于1383—1403年)所作,画面中表现了三位学生正端坐桌前,在他们身后还有七人正专心听达·莱尼亚诺讲课。落座的学生均有课本,其中一位踌躇满志的学生正仔仔细细地翻阅课本,而另一人则疑惑地看着他。中间的一位学生完全心不在焉,他的一只手托着头,似乎在做白日梦。这些书籍极有可能归博洛尼亚大学所有,因为很少有人富足到可以买得起书。获取书籍的渠道主要是学术机构的图书馆,与修道院不同的是,这类图书馆不会将手稿锁在柜子里,而是可以随时取阅。

在文艺复兴早期,新的收藏家开始出现。专业抄书员和装订工越来越频繁地在修道院以外的地方工作,同时随着手稿变得越来越便宜,私人拥有的书籍量急剧上升。印刷术的发明也加速了这一趋势,知识和信息得以更广泛传播,而且价格更低廉。到16世纪早期,大多数上层人士都收藏了一小批书。在他们的书架上可能有诗集、祈祷书和流行的神学书籍,以及历史书和古代史诗。随着人文主义运动越来越重视研究希腊和罗马经典文献的价值,私人图书馆的内容日渐世俗化。意大利人文主义体现了一种以复兴古代文化、文学以及哲学等遗产以促进博学的愿望。人文主义者对书籍有着永不满足的欲望,并将书籍视为通往古代智慧的通道。

在文艺复兴时期的肖像画中,古典作家的作品经常出现在人文主义学者的手中。例如,贝纳迪诺·劳齐(1460—1540年)描绘了卡皮王子阿尔贝托·皮奥手持维吉尔史诗《埃涅阿斯纪》的情景(第19页)。同样,在阿尼奥洛·布龙奇诺(1503—1572年)所作的乌戈利诺·马尔泰利肖像画中,这位佛罗伦萨贵族指着荷马《伊利亚特》里的一个段落(第249页)。他的知识分子身份通过部分可见的维吉尔作品和他左手所拿的一本当代诗人彼得罗·本博的十四行诗集得到了进一步的强调,而本博助推了人们对彼得拉克的作品重新产生兴趣。然而,宣传画中人的高智商并不是这类肖像画的唯一目的,它同时还为了传达对象的内在美德。例如,在布龙奇诺所作的女诗人劳拉·巴蒂费里肖像画里,女诗人正拿着彼得拉克的十四行诗集(第43页)。通过突出某个特定的段落,艺术家希望观众将彼得拉克献给心爱的颇具神秘色彩的劳拉的诗句和画中人物进行比较。在这件作品及其类似作品中,艺术家们用书籍来展示画中人对追求知识自由和个人表达的承诺。

模范学者

人文主义者对"古代"有一个灵活的定义,他们赞美从公元前几百年到公元后几百年的一系列艺术和文学作品,不仅罗马和希腊的杰出人物受到尊敬,早期基督教历史上的个人也颇受尊敬,比如圣哲罗姆。他是中世纪晚期和文艺复兴早期勤奋学者的缩影,是4世纪的一位牧师和神学家,最为人所知的成就是将《圣经》

翻译成拉丁文（即拉丁文权威译本），同时他还是天主教会的博士（此头衔授予那些对神学做出重大贡献的杰出人士）。有关圣哲罗姆的画作总是以《黄金传奇》为线索，这是意大利编年史家、大主教雅各布斯·达·瓦拉吉在13世纪编纂的一本流行的圣徒传记集。在这本书中，圣哲罗姆被描述为教会红衣主教，虽然这个职位直到他死后才设立。尽管如此，艺术家们几乎总是让他戴上教会长老专属的红色长袍帽。同样，圣哲罗姆埋首于一个被书籍包围的小房间里的想法也是受到《黄金传奇》的启发，要将他在伯利恒逗留的日子塑造成一段刻苦钻研的时光，因为此时他正将《圣经》翻译成拉丁文。

　　圣哲罗姆被书籍和手稿包围的形象承载着多种不同的含义。在佛兰芒画家扬·凡·艾克（约1390—1441年）的一幅绘画作品里，圣哲罗姆被描绘成一位专心于研究的人文学者（第96页），他的书架上堆满了书籍，周围都是与当时那个时代追求知识有关的物品。在现在和过去重叠的时空里，凡·艾克把圣哲罗姆塑造成一位值得效仿的理想化学者。近百年后，在荷兰人马里纳斯·凡·雷梅尔恩维勒（1490—1546年）的一幅画中，圣哲罗姆暂时放下研究，视线从书本上移开，指着一个头骨，提醒读者他们终将死去（第94页）。此外，在他的书架上可以看到一幅打开的插图《最后的审判》，借此强调基督教的信仰，即人死后要么永生，要么受到永恒的诅咒。这幅作品的主题便是所谓的"死亡的警示"，即"记住你终将死去"；17世纪初，卡拉瓦乔（1571—1610年）在其作品中重温了这一主题，他在画中描绘了正在翻译的圣哲罗姆没有被象征死亡的幽灵吓倒，而幽灵正是由一个头骨来体现的（第100页）。

　　圣哲罗姆坐在书房的情景贯穿于整个艺术史，出现在以作家、诗人、学者和知识分子等身份入画的众多肖像画中。墨西哥艺术家米格尔·卡夫雷拉（1695—1768年）有一幅带有悲剧色彩的肖像画，画中描绘了17世纪墨西哥城圣哲罗姆隐士团的一位修女索尔·胡安娜·伊内斯·德拉·克鲁斯，艺术家通过此画向圣哲罗姆表达敬意（第95页）。19世纪，古斯塔夫·库尔贝（1819—1877年）为法国诗人夏尔·波德莱尔所作的肖像画中，原型依然是圣哲罗姆（第214页），另外保罗·塞尚（1839—1906年）所画的书房中的古斯塔夫·热弗鲁瓦也是如此，画中的人物形象受到了立体主义者的推崇，他们从评论家的著作中获得倾斜几何图形的灵感（第217页）。事实上，杂乱无章的图书馆格外吸引塞尚，他与许多前辈艺术家一样，总是沉迷于书籍的美学性。

心不在焉的阅读者

  长久以来，书籍的物质形式总是令艺术家着迷。意大利文艺复兴时期的画家卡洛·克里韦利（1430—1495年）对昂贵的大部头手稿观察入微，并常常在其笔下的圣人画中将手稿入画。他在1476年所作的德米多夫祭坛画中，有一处局部表现了圣安德鲁一边手持十字架一边读书的情景，手中起皱的书页快要合上了（第236页）。还有一位艺术家对装帧精美的书籍颇为欣赏，他就是西班牙人佩德罗·贝鲁格特（1450—1504年），他在其众多作品中都把书籍置于突出的位置。他创作于1493—1499年的画作《圣多明我和阿尔比教派》包含了大量反映当时装订实操的手稿（第287页），其中一些书有金属凸面，另外几本华丽的大部头手稿则有镀金和切口装饰，后者是一种借助加热工具将图案烫印在书页上的技术。装帧较为朴实一些的书籍出现在创作于1443—1445年期间的《艾克斯圣母领》中。这是佛兰芒艺术家巴泰勒米·德·艾克（约1420—1470年）所作的一幅祭坛画。这三幅作品都反映了书籍在社会中的传播，尤其是先知耶利米头顶上独立排列的书籍（第41页）。这一情景意义重大，因为正如凡·艾克在描绘圣哲罗姆的书房时所出现的书架，它预示着静物将成为一个独立的流派。

  在17世纪前，艺术作品中的书籍形象与学识、智慧、神圣以及权威有着广泛的关联。17世纪佛兰德和荷兰绘画中盛行的虚空（vanitas）主题引入了更严肃的内涵。拉丁语"vanitas"一词，字面意思是"空虚"，在圣哲罗姆翻译的圣书《传道书》中频繁出现，《传道书》开篇便是："传道者说，虚空之虚空，虚空中的虚空；一切皆为虚空。"在死亡的警示作品中，骷髅和沙漏提醒观者生命之短暂，然而在虚空主题艺术中特指世俗欢愉和面对死亡时财富的虚无。专注于这一类型画的艺术家经常使用花朵或水果来表达他们的观点，但也出现了另一个特有的专门以书籍为对象的次类型绘画，这使得艺术家可以进一步探索当下这一常见对象的物理特性。

  书籍如同人类，也摆脱不了腐朽的命运，荷兰画家扬·达维茨·德·海姆（1606—1684年）对这一观念进行了探索。在他创作于1628年的面板油画《静物书籍》中，桌子上一堆散乱摆放的破旧文献体现了知识的瞬息万变（第138页）。其中一些书名清晰可辨，包括一本破旧的赫布兰德·布雷德罗的戏剧《罗德里克和阿方萨斯》（约1611年），主题便是关于命运。那些受过教育的观者识得这些手稿，能够立刻领会它所传达的意义，即提醒人们世俗研究终究是徒劳的，以及万物的短暂性。相似的观念也出现在17世纪晚期佛兰芒艺术家查理·伊曼纽·比塞的画作如《静物：古书》中（第221页），他创作的很多幅画作都以此为主题。与德·海姆作品不同的是，比塞的画面中没有一本书是可以辨认的，因为书籍上面既无书名，也未注明著者。艺术家通过这种方式强调了书籍不可避免地趋向过时：书中所包含的知识总有一天会消失得无影无踪，正如它们的读者一样。

  尽管书籍静物画的潮流一直持续到17世纪之后，但是艺术家对虚空观念的兴趣在逐渐减弱，他们出于一系列不同的缘由，通常是个人原因，开始探索书籍的图像问题。在凡·高于1887年创作的布面油画《静物：法国小说和玫瑰》（第219页）中，桌面上或摆放或随意散落着一批精选的独具特色的黄色封面书籍，从中可见他对书籍的热爱。对于法国读者来说，他们可以立刻辨认出这些平装套书是最新的现代小说，书籍的黄色封面强调了书籍所包含的先锋小说的创新本质。对于凡·高而言，这些书籍象征着时代精神以及他所排斥并拒绝的其父母所持的道德僵化的加尔文主义价值观。尽管观者无法获知任何一本书的书名，但是这些藏书有可能是埃米尔·左拉和龚古尔兄弟的著作，他们是凡·高非常欣赏的作家。艺术家将一本打开的书籍置于画面的前景，意在邀请观者去体验他最新的文学发现。然而，在法国之外的国家，尤其是在英国，此类出版物充其量只是哗众取宠之作，更甚者被视为可耻之物。尽管如此，英国出版社采取了一种狡猾的营销手段，以鲜艳的黄色作为这类书籍的封面，即大众所熟知的"黄皮廉价小说"，于是便与现代性和19世纪末的颓废气质（Fin de siècle）产生了关联。

  当代艺术家以书籍为主题的静物画可见于爱尔兰裔英国艺术家迈克尔·克雷格-马丁（生于1941年）的作品，他于2014年创作的画作《无题（书籍）》描绘了一本孤立于单色背景中的无题书籍（第205页）。画中打开的书页并不是平铺的，而是像克里韦利作品那样具有一种生动性（第236页）。与此画风格较为接近的先行者或许是德国艺术家小路德格尔·汤姆·林（1522—1584年）所作的一幅引人入胜的作品《打开的祈祷书》（第204页）。这幅极具写实性的作品表现了一阵微风拂过，插图手稿书页不经意被翻开的情景。与此画不同的是，克雷格-马丁笔下的书籍除去细节，书页内文是空白的，并无具体内容。这本书以鲜明的图形风格呈现，成为广义上书籍的象征，鼓励观者随其心愿"阅读"。尽管这幅画非常简朴，但是它唤起了一段艺术家看待书籍和思考书籍的完整历史。

女性读者

  1517年，在马丁·路德批判天主教的推动下，新教改革通过强调个人与圣言之间的联系公然挑战教会的权威。随着欧洲《圣经》方言译本的发展，绘画中大众阅读的场景，无论是在研读《圣经》还是阅读世俗读物，变得越来越多。这些画面中的读者往往是女性。宗教改革加速了阅读私人化的进程，这一趋势在荷兰黄金时期的画家杰拉德·道（1613—1675年）的作品中可见一斑。他创作于约1631—1632年的《正在阅读的老妇人》表现了一位老妇正捧着《圣经》凑近书页阅读的情景（第117页）。道在作画时十分讲究细节，他在画面中清楚地描绘了老妇人正在阅读路加福音书第19章，再具体一点来说，那是关于有偷窃劣迹的税吏撒该的故事，他在遇见耶稣后开始对自己的罪行进行忏悔。艺术家想要传达的信息是很明确的：老妇人受到鼓励开始忏悔，祈求获得上帝的原谅，正如撒该那样，那些凝视此画的观者也是如此。

  这种意象源于早期的圣母领报场景。该场景描绘了圣母玛利亚在阅读时，天使加百利向她宣布基督即将诞生的消息，她的话代表了上帝之言。《圣经》经过新教艺术家的再度诠释，无需神职人员的点拨，所有人都可以阅读。早期传统的一个例子是法国插画家让·布尔迪雄（1457—1521年）的作品，画中一个神情古怪、阴沉的天使打断了正在阅读的玛利亚（第158页）。尽管布尔迪雄将《圣经》安排在显著位置，但并不试图将此段内容确定无误地展现在画面中，而是将此文本处理成类似马赛克的符号。然而，有一观点广受认可，即认为玛利亚正在阅读的是《以赛亚》中有关其本人的一段文字："看吧，圣女必将受孕、生子。"这幅插图的最初读者和其他喜爱此画的人会立刻产生联想。布尔迪雄坚持认为玛利亚需要借助天使的诠释，而道强调个人对新教教义的理解。

  圣母领报也是祭坛画的流行主题，常见于教堂和家庭小教堂。15世纪由罗伯特·坎平（1375—1444年）工作室所作的《圣母领报三联画之中联梅罗德祭坛画》（第62页）是一件保存完好的私人祭坛画。在这幅荷兰早期绘画中，玛利亚正沉浸在《圣经》中，并未察觉天使降临身边。桌子上有一册卷轴和一本书，分别代表着《旧约》和《新约》。书页处于动态之中，仿佛从开着的窗户外吹进来一股微风，或者是天使降临时夹着风撩起了书页。尽管这些书籍和其他居家用品都带有象征意义，但是它们也体现了这类物品可在作品所有者家中找到，如此能够使他们更易理解这一神圣的场景。在17世纪，私人阅读开始代表某种纯粹的世俗活动。比如由彼得·扬森斯（1623—1682年）所作的《阅读的女子》表现了一位年轻的荷兰

009

女子坐在一扇半开的窗户前的情景（第154页）。她背对着观者，沉浸在一本翻开的书中，书名被隐没了。前景中的这双鞋强调了阅读体验的亲切感，甚至可能带有情色意味。在当时，为消遣而阅读，而不是因为热爱或接受教育，仍然是一种相对较新的观念，但它很快为下个世纪现代小说的出现铺平了道路，随之出现了大量描绘女性全神贯注于阅读的绘画作品。

在18世纪和19世纪，越来越多的女性通过阅读体验到一种新的自我意识和独立意识。通过小说，她们进入了一个私人领域，超越了父权社会的审查和监视。然而随着廉价、消耗性书籍的兴起，保守派观察家发出了警告，因为这类书籍鼓励读者沉迷于幻想世界。人们担心，现如今阅读更多的是寻求快乐，而不是德育，这一趋势对社会道德的构建是一种威胁。因此，小说成为被广泛批评的对象。19世纪晚期的几位艺术家捕捉到了阅读的腐化影响所带来的社会焦虑。1875年，挪威画家约翰妮·玛蒂尔德·迪特里克松（1837—1921年）在其布面油画《农舍内景》中描绘了阅读小说使年轻女佣心不在焉，对家务置之不理（第164页）。一些评论家担心，这种新文学除助长惰性外，还有可能腐蚀女性的美德。意大利艺术家费德里科·法鲁菲尼（1833—1869年）的作品《阅读者》就表现了这一主题，他将此种逃避主义描绘成一种纵欲和失德的行为（第159页）。在这幅油画中，一位穿着宽松衣服的女人正坐在椅子上抽烟，桌上的滤酒器暗示她可能正在享用一杯果酒或烈酒。她面前桌子上凌乱的书籍意在传达她的失德行为，同时画中的元素也让人联想起虚空主题。泰奥多尔·鲁塞尔（1847—1926年）在其作品《阅读的女子》（第183页）中，将阅读的女子处理成裸体形象，暗指阅读小说带来的失德后果，而另一位画家费利西安·罗普斯（1833—1898年）的作品《图书管理员》描绘了一个沉迷于情色文学的裸体女性正在接受魔鬼投喂的精神食粮（第104页）。

以书为砖

到了20世纪，书籍作为大众市场产品的地位已经稳固。它们不再是珍稀、神圣之物，现如今，它们便宜、短暂，甚至随时可丢弃。废弃、不再需要的书籍成为当代艺术家创作雕塑、装置艺术和绘画作品的原材料。对于某些艺术家来说，大量的二手文献使他们的作品能够探索书籍在晚期资本主义文化中的地位。而对另一些艺术家而言，书籍只是一个起点，将来会出现全新且意想不到的转变。

英国雕刻家理查德·温特沃斯（生于1947年）利用现成的书籍创作了装置作品《虚拟天花板》。他的第一件《虚拟天花板》作品作于1995年，并在伦敦里森画廊展出。他将数百本旧书悬挂在天花板上,创造了一个漂浮的文学空间(第301页)。自那开始,他在很多地方重新制作了该装置作品,包括在伦敦具有历史意义的勒顿豪集市和印第安纳波利斯艺术博物馆。该装置作品所需的数百本平装和精装书籍都是由公众捐赠的,进一步突出了书籍成为消耗品的现状。

西班牙艺术家艾丽西亚·马丁(生于1964年)的创作领域与温特沃斯相似,她的装置雕塑利用成千上万本废弃书籍制造出一股文学洪流,从建筑的窗户或墙壁上奔流而下(第223页)。2012年,她的装置雕塑作品"著作"系列见证了书籍从马德里的三处历史景点如瀑布般倾泻而下,其中一处历史景点选在宏伟的利纳雷斯宫,大量书籍从一层的窗户倾泻至楼下的人行道上。马丁的装置作品也是对书籍生产过剩状况的一种回应,表达了对信息过度饱和的焦虑,而温特沃斯的作品是对书籍多样性的赞美。

南非艺术家威廉·肯特里奇(生于1955年)的作品探索了个人记忆和文化记忆的短暂性,对他来说,旧书的书页为绘画提供了完美的载体。比如,他利用《简明牛津英语词典》一个旧版本的书页,创作了《与书页妥协》(2013年)(第307页)。肯特里奇将这些旧书页排列成一个网格,并在书页上涂上晦涩难懂的短语和彩色矩形。那些经久不衰的大部头巨著尤其吸引肯特里奇,他还对纸质书的物质性感兴趣。这位艺术家经常去二手书店搜寻特定版本或纸张有特色的书籍。

肯特里奇在其作品中使用各种形式的书籍,包括百科全书、解剖学书籍、地图,甚至古希腊悲剧题材书籍,而英国艺术家汤姆·菲利普斯(生于1937年)在近50年里只借用一种出版物:出版于1892年由W.H.马洛克所写的《一份人类档案》。自从菲利普斯发现了这本维多利亚时代的书之后,通过在书页上作画、打字、画素描以及拼贴等方式创造了著名的艺术家之书——《一本二度创作的人类之书》(第322—323页)。在菲利普斯的作品中常常还能看到马洛克著作的原始文字,由此形成了一种诗意,且往往带有一种超现实主义意味的叙述。开卷映入眼帘的便是以下文字:"接着我要歌颂一本书,一本艺术之书,心灵之书,它充分表达了我。"这句话暗指菲利普斯的计划是想从深嵌于原著的文字中,挖掘一个全新而怪诞的故事。

对很多以书籍为创作对象的当代艺术家来说,拆解和分割是不可避免的。在大多数情况下,对文学的破坏是创作过程的一部分,鲜有恶意行为。英国艺术家约翰·莱瑟姆(1921—2006年)的作品却是个例外。比如,他对克莱门特·格林伯格的论文集《艺术与文化》(1961年)中的观点持有异议,并进行了非比寻常的破坏(第271页)。此外,他还于1966年创作了行为艺术《司库簿塔仪式》(司库簿的原文skoob即books的反写形式）。在这次行为艺术中，他将一座由《大英百科全书》堆砌而成的书塔点燃焚烧了。然而，莱瑟姆艺术与其说是关于审查制度，不如说是关于知识的脆弱性及书籍从一种状态到另一种状态的转换（第288页）。2005年，他卷入了一场审查风波，当时因为7月7日伦敦爆炸案的发生，促使英国泰特美术馆撤下了199件作品中的雕塑作品《上帝是伟大的2号》，在这件作品中，基督教徒的《圣经》、穆斯林的《古兰经》、犹太人的《犹太法典》被一大块玻璃划破了。泰特美术馆给这件作品贴上了"不宜"的标签，由此引发了一场关于审查制度和言论自由的公众辩论。几个世纪以来，这些问题一直困扰着作者。

焚书

正如虚空绘画作品中脆弱、松垮的装订形式所提醒我们的那样，书籍——读者也是如此——不是永恒的。霉菌、虱子以及过度处理和不恰当的保存方式都会威胁书籍的寿命。当然，另一个常年存在的危险是火灾。古往今来，火焰吞噬了无数卷轴、手稿和印刷书籍；个人藏书，甚至大型图书馆，无论是偶然的还是必然的，都曾在火灾中惨遭焚毁。一个家喻户晓的书籍惨遭火灾重创的例子是埃及亚历山大图书馆，公元前48年，在尤利乌斯·恺撒发动的内战中，成千上万的卷轴被意外烧毁（第283页）。然而也有很多书籍因为审查缘故，无论是出于文化、宗教还是政治原因而遭受人为的烧毁。在《新约》中，圣保罗亲自监督焚烧他认为与基督教信仰相违背的书籍（第286页）；4世纪，康斯坦丁大帝下令烧毁阿里乌斯的异端文书（第285页）。圣多明我也相信焚书是"火的审判"的一部分，据称，他的著作抵抗了火焰，而异教的书籍被烧成灰烬（第287页）。然而，对于现代读者而言，尤其是欧洲和北美洲的读者，焚烧书籍行为极易与20世纪30年代纳粹德国的活动联系起来。

1933年春，作为全国性"反非德精神行动"的一部分，那些被视为威胁纳粹主义的书籍在德国各地被公开焚烧。被焚烧的书籍中包括犹太教徒、基督教徒、社会主义者及共产主义作家的作品。当今柏林的贝贝尔广场就是纳粹焚书事件的露天纪念馆：以色列艺术家米夏·乌尔曼（生于1939年）在这里建立了一座空无一书的地下图书馆。与图书馆一起的还有一块纪念碑，上面刻有海因里希·海涅1821年的戏剧《阿尔曼索尔》中的名句："这只是拉开了序幕：他们焚书之地，最终也会焚人。"（第291页）尽管海涅的剧本比希特勒的统治早了一个多世纪，但这些话在今天仍不可避免地与纳粹焚书事件联系在一起。尽管为毁坏书籍的行为立碑乍一看或许有些奇怪,但海涅的警句提醒人们焚书行为之后会发生的暴行。在乌尔曼的作品中,书的毁灭与人的毁灭有着不可分割的联系。

　　对很多人来说,蓄意毁坏书籍仍是野蛮行为。毕竟书籍是文明社会的象征——它的文化、价值和信仰。毁坏一本书就是毁坏了文化本身的一部分。更重要的是,从21世纪开始,破坏书籍与野蛮行为联系得如此紧密,以至于它近乎一种针对身体的暴力行为。然而,书籍就像人类的精神一样,永远不会被完全摧毁。个别书籍可能会被焚毁,但文学将经久不衰。即使面对新兴的数字技术,精装书和平装书仍葆有价值。只要书籍还在继续生产,艺术家们仍会通过多种方式持续探索它们在社会中的地位,进而观照我们自身。

手持蜡板和手写笔的庞贝女人
艺术家不详

约55—79年，石膏壁画，37 厘米 × 38 厘米（14$^{5/8}$ 英寸 × 15 英寸）
那不勒斯国家考古博物馆，那不勒斯

这幅壁画中的女子手里拿着一本书。事实上，她手里拿的是四片系在一起的蜡板。这些小巧的便携式书写工具由涂蜡的木头制成，在古罗马时期非常流行，在纸张出现前为书写提供一种便利的平面媒介。壁画中的女子还拿着一支笔，这是一种书写工具，她若有所思地把它放在嘴唇边，仿佛停笔沉思片刻。这幅壁画是在1760年挖掘庞贝古城时发现的。79年，庞贝被维苏威火山爆发摧毁之前有很多类似的壁画，见于城市的房屋和建筑物的墙上。多年来，人们一直认为这幅画描绘的是古希腊诗人萨福，他的抒情诗在古代深受推崇。然而，画中蜡板所示的内容和碑文与会计有关，但与诗歌无关。尽管这名女子的真实身份无从得知，但从她所戴的时髦金耳环和头罩可知她来自一个有教养的富裕家庭。现今这幅画像被解读为对知识女性的颂扬。

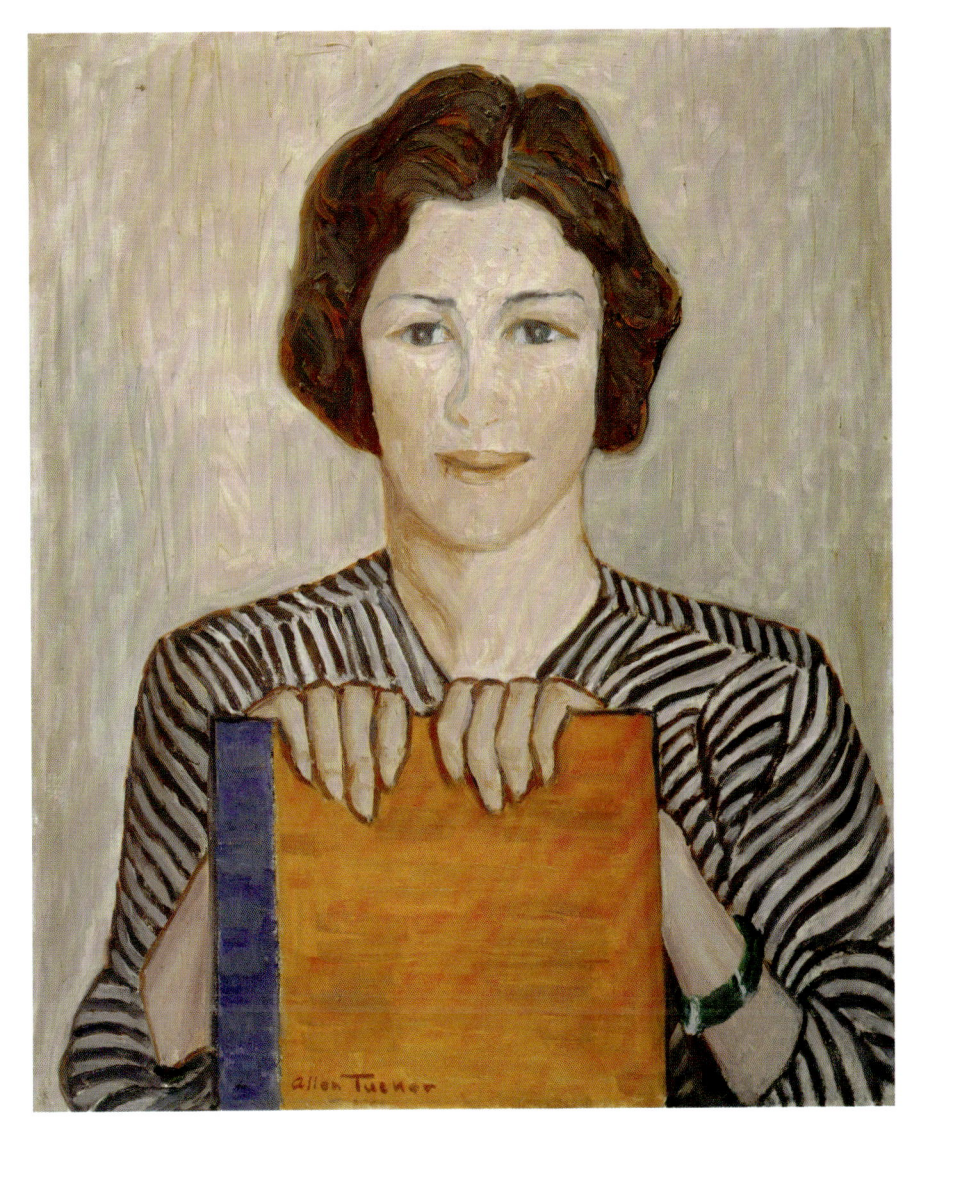

一本有着橙色封面的书
艾伦·塔克
1934年前,布面油画,61厘米×50.8厘米(24英寸×20英寸)
菲利普斯收藏馆,华盛顿特区

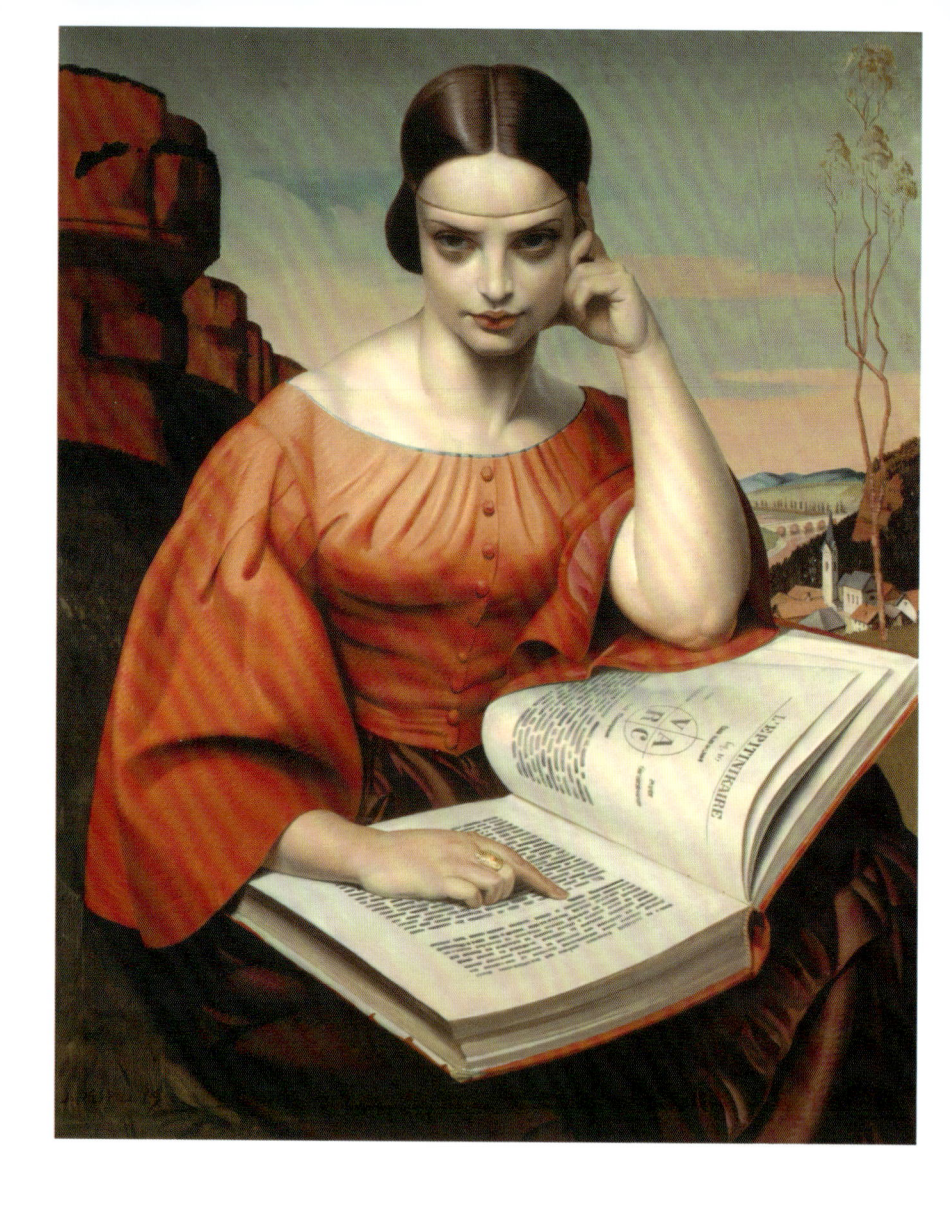

思想
让·德皮若尔
1929年前，布面油画，100厘米×81厘米（39$\frac{3}{8}$英寸×31$\frac{7}{8}$英寸）
艺术与工业博物馆，鲁贝

穿粉红衣裳的吉塞蒂

塔玛拉·德·兰碧卡

1927年，布面油画，116 厘米×78 厘米（$45^{5/8}$ 英寸×$30^{3/4}$ 英寸）

南特艺术博物馆，南特

弗朗切斯科·阿斯利的肖像
塞巴斯蒂亚诺·德尔皮翁博
约1516年，布面油画，85厘米×69厘米（33½ 英寸×27⅛ 英寸）
弗朗切斯科·波德斯蒂市立美术馆，安科纳

阿尔贝托·皮奥肖像
据传为贝纳迪诺·劳齐
1512年，木板油画，58.4厘米×49.5厘米（23英寸×19½英寸）
英国国家美术馆，伦敦

"书籍之所以无害,仅仅是因为它不会有意冒犯任何人。"

——T. S. 艾略特(1888—1965年)

招魂师
安吉罗·卡罗塞利
17世纪，布面油画，
44厘米×35厘米（17$^{3}/_{8}$英寸×13$^{3}/_{4}$英寸）
弗朗切斯科·波德斯蒂市立美术馆，安科纳

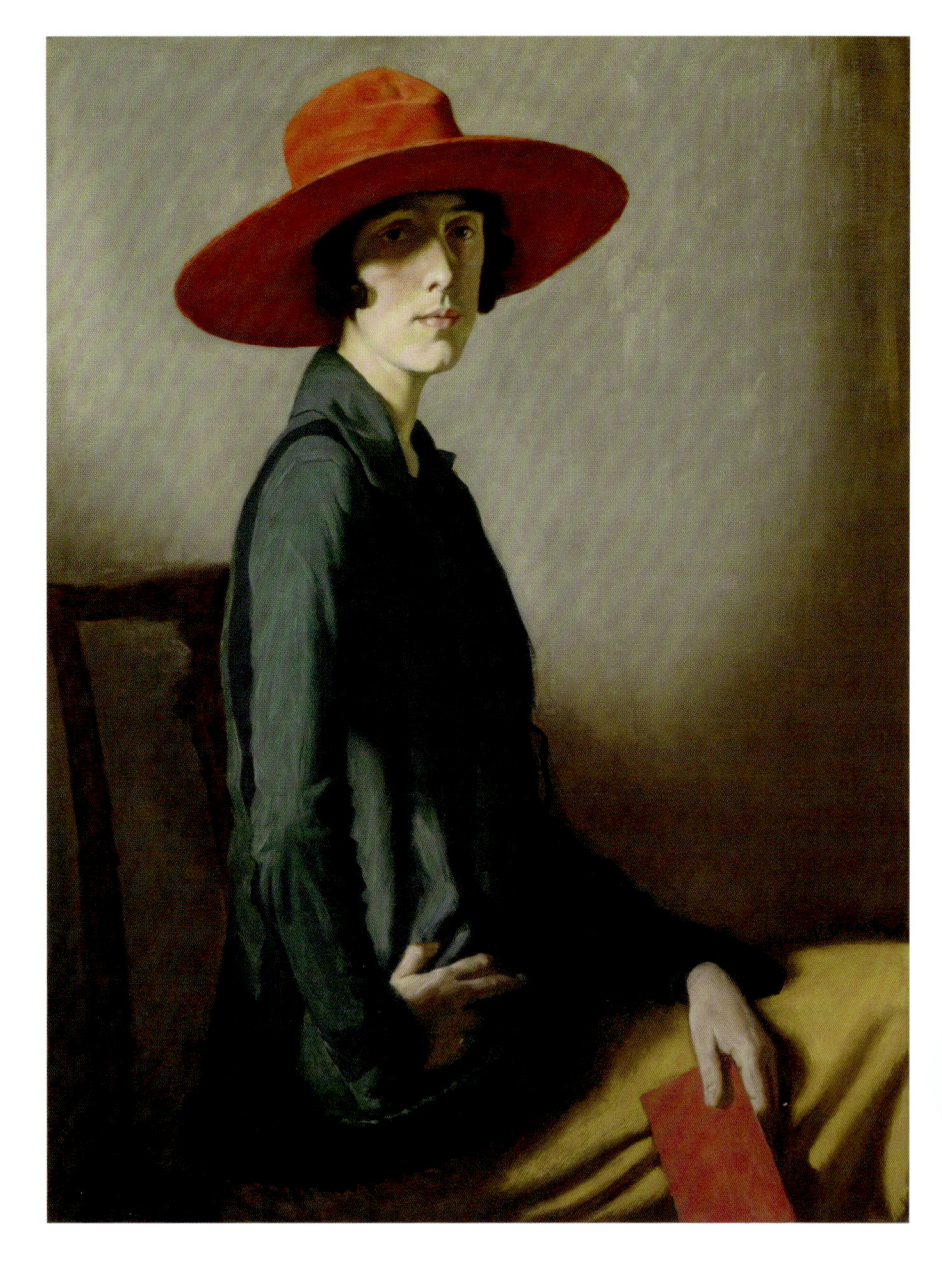

戴红帽子的女子
（维塔·萨克维尔-韦斯特的肖像）
威廉·斯特朗
1918年，布面油画，102.9 厘米×77.5 厘米（40½ 英寸×30½ 英寸）
凯文格罗夫艺术博物馆，格拉斯哥

玛丽亚·范·奥斯特韦克肖像
瓦勒朗·瓦扬
1671年，布面油画
96 厘米×78 厘米（37 3/4 英寸×30 3/4 英寸）
荷兰国家博物馆，阿姆斯特丹

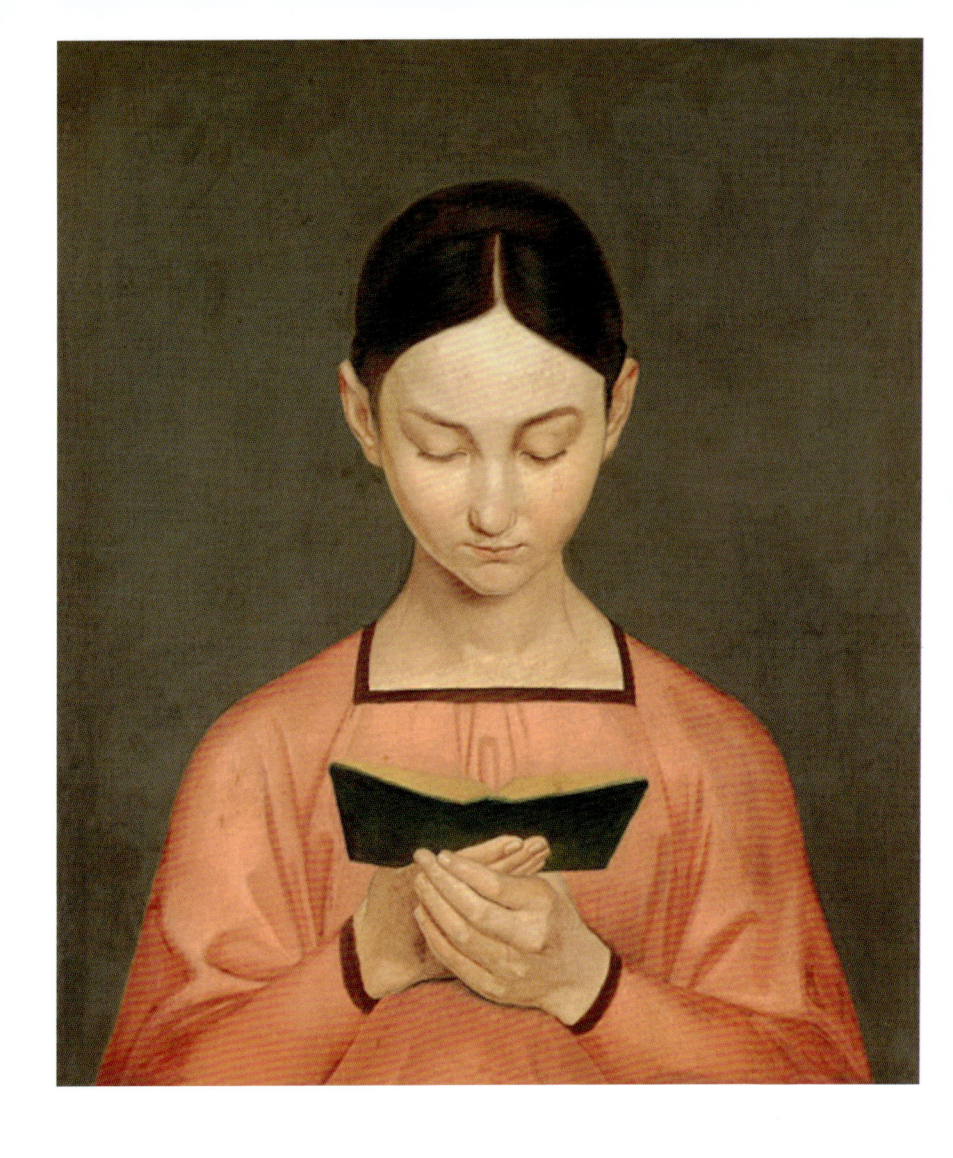

正在阅读的女孩

古斯塔夫·阿道夫·亨尼希

1828年，布面油画，
42.5 厘米×36.5 厘米（16¾ 英寸×14⅜ 英寸）
莱比锡艺术博物馆，莱比锡

正在阅读的女人
劳拉·詹姆斯
1997年，布面丙烯，
50.8 厘米 × 45.7 厘米（20 英寸 × 18 英寸）
私人收藏

小丑与书
（小丑唐·迭戈·德阿塞多，人称"表弟"的肖像）

迭戈·委拉斯开兹

约1644年，布面油画，107 厘米×82 厘米（42$\frac{1}{8}$ 英寸×32$\frac{1}{4}$ 英寸）
普拉多国家博物馆，马德里

  这幅巨幅肖像画彰显了唐·迭戈·德阿塞多的矮小形象。他在西班牙国王菲利普四世的宫廷里工作，绰号"表弟"。德阿塞多是一个供人戏弄的角色，一个身体畸形的小丑，在国王和朝臣百无聊赖时为他们提供消遣、解闷。然而，委拉斯开兹（1599—1660年）并没有将其描绘成一个小丑的形象，而是将其塑造成有智慧、有学识的形象。他膝盖上的书本很大，前景中的账本、墨水瓶以及钢笔都显示出他是一位饱学之士。朝臣并没有忽略这一点；当"表弟"不必取悦国王时，他则以宫廷联络员的身份履行行政职责，甚至要担负起保管皇家玉玺的大任。在此之前，西班牙的宫廷艺术家在描绘残障人士时，总带着一层冷漠色彩，然而委拉斯开兹画过数幅国王猎宫里的侏儒肖像，并赋予他们尊严和人性，正如他所画的王室家庭一般。在这幅画中，"表弟"沉着的凝视令观者肃然起敬，与此同时，画面中摆放的那本尺寸过大的书籍乍看或许让人忍俊不禁，若将此书作为表现"表弟"大智慧、渊博学识的一个符号，或许更为恰当。

圣卢克

阿特斯·沃尔福德

17世纪初,面板油画,61厘米×49厘米(24英寸×19¼英寸)
普拉多国家博物馆,马德里

老普林尼

出自安德烈·泰韦所著《杰出人物的真实肖像和生活》

艺术家不详

1584年，版画，20.3 厘米×15.2 厘米（8 英寸×6 英寸）

法国国家图书馆，巴黎

"一无是处的书籍是不存在的。"

——老普林尼(23—79年)

手持习字簿、坐在椅子上的学生:学校场景细节
艺术家不详,罗马(诺伊马根流派)
2—3世纪,墓碑石上的家庭教育场景细节,
莱茵博物馆,特里尔

头戴帽子、手持书本的曼努埃尔·克里索洛拉斯肖像

保罗·乌切洛

15世纪，钢笔、棕色墨水，棕色、绿色纸上打底，13.6厘米×9.3厘米（5⅜英寸×3⅝英寸）

卢浮宫，巴黎

摩西和所罗门

选自"为费代里科·达·蒙泰费尔特罗图书馆定制的28位杰出人物肖像画"系列

根特的尤斯图斯和/或佩德罗·贝鲁格特

15世纪70年代，木板油画，每幅作品的尺幅约为100厘米×69厘米（$39^{3/8}$ 英寸×$27^{1/8}$ 英寸）

马尔凯国家美术馆，乌尔比诺

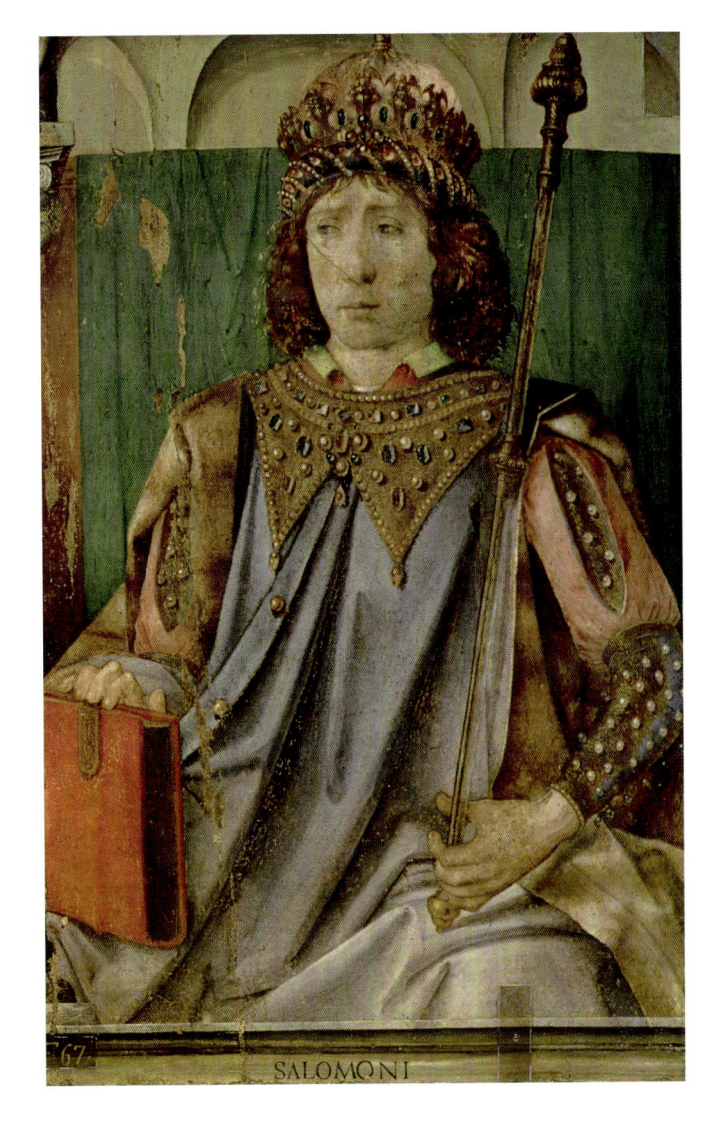

摩西是《圣经》故事中的领袖，他带领犹太人走出埃及。在这件作品中，摩西正指着石板上的律法，画家将这块石板描绘成犹如一本打开的书本。根据《圣经》记载，正是上帝本人在这些石板上刻了"十诫"。这些石板与以色列第三位君主所罗门手握的皮革装订书籍形成了对比。据说他曾经创作了数千首诗歌和谚语，其中很多被收录在犹太《圣经》中。他还与《圣经》里的《传道书》《雅歌》有关。不过，所罗门王可能对画面中这本不合时宜的书不大熟悉，因为他的作品都被誊写进了卷轴里。这两幅油画是"为费代里科·达·蒙泰费尔特图书馆定制的28位杰出人物肖像画"系列里的作品。达·蒙泰费尔特是意大利文艺复兴时期一位重要人物，赫赫有名的知识分子、艺术赞助人，在意大利乌比诺建有一座规模巨大的图书馆，面积仅次于梵蒂冈图书馆。这个系列作品中涉及的人物还包括柏拉图、亚里士多德、圣哲罗姆、托勒密、圣奥古斯丁、西塞罗、荷马、维吉尔、托马斯·阿奎那、欧几里得、希波克拉底、但丁以及彼特拉克。

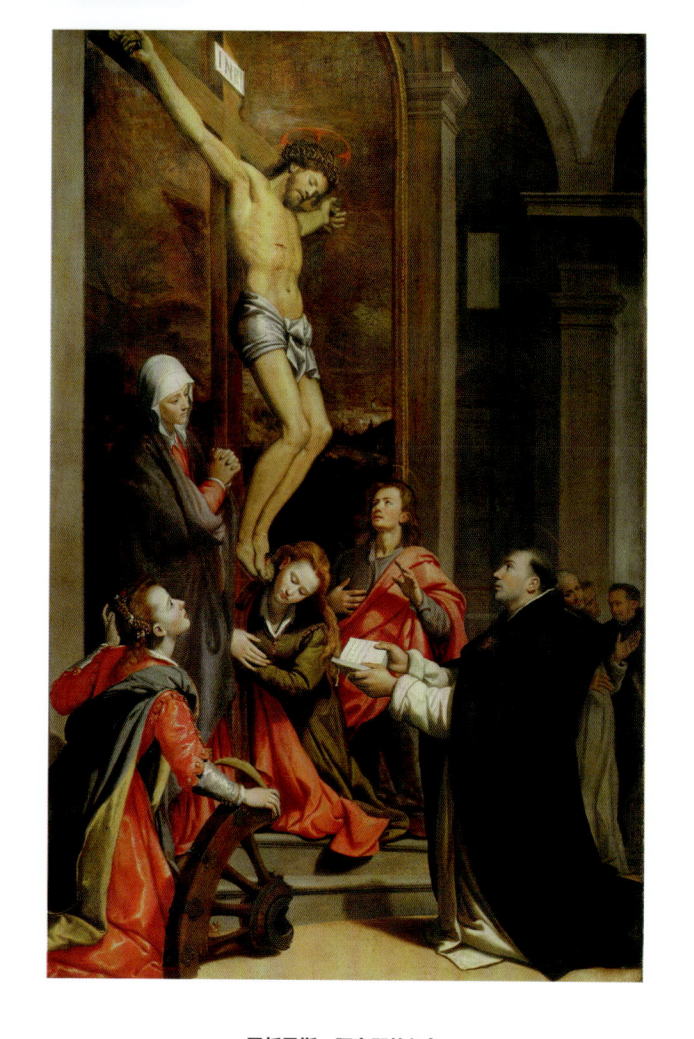

圣托马斯·阿奎那的幻象

塞迪·第·提托

1593年，面板油画，362厘米×233厘米（142½英寸×91¾英寸）
圣马可教堂，佛罗伦萨

托马斯·阿奎那双膝跪地，向钉死在十字架上的基督画像献上他的作品。他如此虔诚，以致壁画上的人物复活了——《圣经》里的人物纷纷从画像上走出来，与阿奎那一起礼敬基督。在十字架下方与耶稣一起的还有圣母玛利亚、抹大拉的玛利亚、圣约翰，以及亚历山大的圣凯瑟琳——残缺的车轮象征着她的殉难。阿奎那是13世纪一位赫赫有名的多明我会修士，被誉为天主教会最伟大的神学家之一。据传他曾经听到意大利教堂一幅壁画上的基督与他说话。迪蒂托（1536—1603年）在这座佛罗伦萨教堂的祭坛画上将这一奇迹描绘了出来。画中的书籍意在表现阿奎那著作等身的重要性。阿奎那的著作不仅对天主教产生了巨大影响，而且从更为宽泛的意义来说，对整个西方思想产生了重大影响。现代哲学或促进或挑战了阿奎那的思想，尤其在伦理学、形而上学、自然法和政治理论领域。他是当今公认的教会博士，这一头衔是颁给那些对基督教义的形成产生过深刻影响的圣徒的。

向法国国王查理八世献上《抛物线大师阿兰》

雅克·德·贝桑松大师

1492—1493年,彩绘印刷书,尺寸不详

孔代博物馆,尚蒂伊

　　法国出版商安东尼·韦拉尔迪跪在法国国王查理八世面前,献上一本书。这幅版画出现在韦拉尔迪手中书籍的正面,即《自由抛物线》(约1175年)15世纪的译本。此书的作者是12世纪的神学家阿兰·德·里尔。这本有关道德格言的书是中世纪的教科书,使用广泛。韦拉尔迪手中这本1492版的书籍是他敬献给国王的14本书之一。韦拉尔迪生活在彩绘手稿和现代印刷两种技术的转折点,他把木刻和版画引进印刷书籍,从而将这两种技术融合在一起,为此他时常雇用多产的巴黎插画师雅克·德·贝桑松大师(活跃于约1480—1500年)为其作画。就《自由抛物线》而言,除了新的译文和评注,韦拉尔迪还将拉丁原文收录其中。中世纪晚期,作为学术语言的拉丁语已经失去了原有的地位,新版译文越来越受欢迎。1483年,年仅13岁的年轻国王继承路易十一的王位,据说此书是特意为他而准备的,以便在道德上给予其指导。相较而言,这位年轻的国王当时还没有接受足够的教育,因此人们普遍认为他缺乏为王的经验。

阿维洛伊和波菲利之间的假想辩论
摘自曼弗雷德·德蒙特·因佩里亚莱撰《草药志》
艺术家不详
14世纪,羊皮纸上绘制的细节,尺寸未知
法国国家图书馆,巴黎

两位哲学家各持一书正在辩论。左边的哲学家是12世纪伊斯兰的博学家伊本·鲁西德(也称阿维洛伊),右侧是3世纪出生于泰尔的思想家波菲利。这幅插图摘自一套介绍中世纪药用植物的系列书之卷首。这套插图丰富的手稿即所谓的《草药志》,是由14世纪上半叶意大利学者兼内科医生曼弗雷德·德蒙特·因佩里亚莱创作。此书从追述植物作为药物一部分的时代开始并描述它们的治疗特效。在此书中,阿维洛伊和波菲利是哲学界的代表人物,在其他插图中他们还加入阿拉伯翻译家侯奈因·伊本·伊斯哈格(西方人称约翰尼西斯)和希腊医生盖伦及希波克拉底的辩论队伍,他们的言辞均摘自其耳熟能详的作品,以"对话泡泡"的形式呈现。这些假想的辩论意在证明曼弗雷德的资历,尽管他的《草药志》内容与这些杰出人物的著作没有直接的关联,但是他们的肖像为曼弗雷德的学识构成提供了视图,曼弗雷德也成为这些杰出人物所代表的知识传统的一部分。因此,这些肖像是作为曼弗雷德的《草药志》的医学权威性的人证而存在的。

克莱夫·贝尔与邓肯·格兰特共饮的室内场景

瓦妮莎·贝尔

约1920—1925年,布面油画,
122 厘米×152 厘米(48 英寸×59⅞ 英寸)
伯贝克学院,伦敦

037

克里斯托弗·伊舍伍德和唐·巴卡迪

大卫·霍克尼

1968年，布面丙烯

212厘米×303.5厘米（83½英寸×119½英寸）

私人收藏

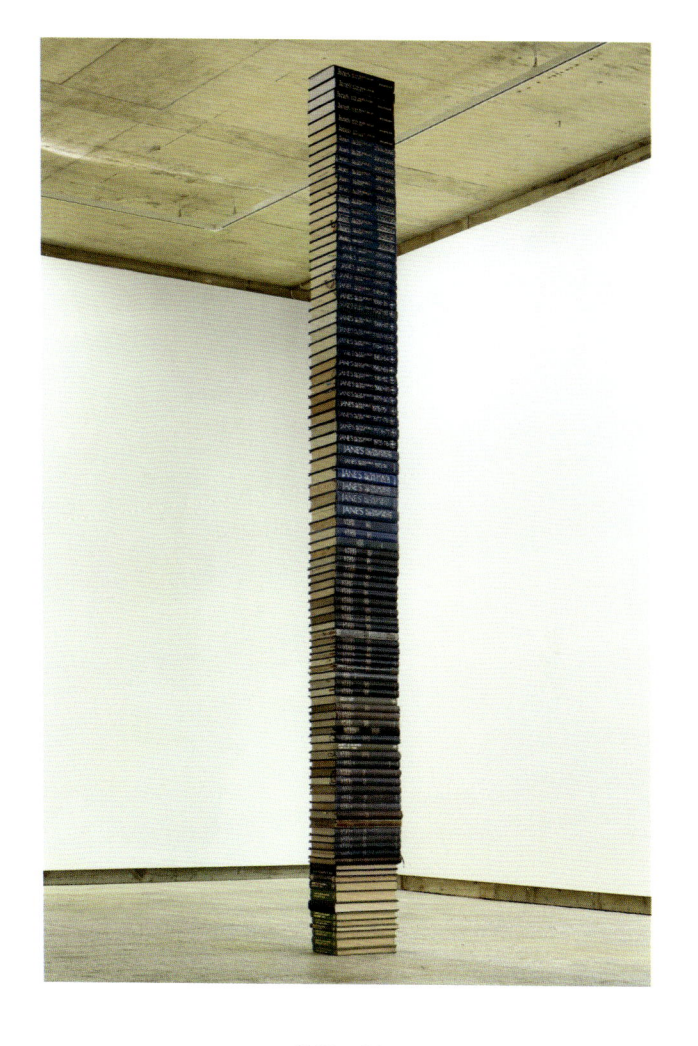

1909—2011

菲奥娜·班纳

2010年，97册《简氏航空器年鉴》
375 厘米 × 22 厘米 × 35 厘米（147$^{5/8}$ 英寸 × 8$^{5/8}$ 英寸 × 13$^{3/4}$ 英寸）

  这根由书籍构成的书柱高得几乎要顶到美术馆的天花板。它是由97册《简氏航空器年鉴》叠加而成的。著名的《简氏航空器年鉴》记录了自1909年以来所有生产的民用和军用飞机情况。班纳（生于1966年）按年代顺序将这些年鉴逐次往上叠加，最底层的年鉴是最早出版的，自上而下看去可知，相较于后期出版的卷册，这些早期版本也是最薄的，大约在1970年后明显变厚。这位艺术家已经收集了20多年该年鉴，每年她都会在这件高耸的年鉴雕塑上添加新的一册。这些藏品体现了人类航空的整个历史以及军事技术的快速提高。然而，藏品的内容是看不到的，因而从实用资源的角度来说，它又是无用的。书籍是班纳作品中反复出现的主题，她甚至创建了自己的出版社——虚空出版社。该出版社的众多出版物中，《越南》（1997年）是第一本，班纳用千页篇幅描述了六部越南电影的情节。2010年，这家出版社再版了《简氏航空器年鉴》创始人弗蕾德·T.简的三本名不见经传的科幻小说。

先知塔

卡罗尔·博韦

2001年，68本复古装订的卡里·纪伯伦的《先知》
121.9 厘米 × 20.3 厘米 × 12.7 厘米（48 英寸 × 8 英寸 × 5 英寸）

  这件雕塑作品让人想起古代潜修者的住所。事实上，它隐含了很多字面上没有传达的意义：这列书是由68本卡里·纪伯伦的《先知》（1923年）组成的。这本书包含了26篇先知阿尔穆斯塔法所撰的散文诗，内容涵盖一系列与人类生存息息相关的主题，包括自由、快乐、自知、友谊、爱情、喜悦、悲伤、宗教、死亡。20世纪60年代，这本书的思想和智慧在嬉皮士反主流文化运动兴起时广受推崇，并成为这一运动的启蒙读物。博韦（生于1971年）从二手书店搜罗到这些旧书，并惊讶地发现，这些旧书的前主人们常常在相同句子底下画线，这也表明共情超越了个体情感。事实上，她的书塔揭示了反主流文化的矛盾之处，表明书籍的批量生产是资本主义制度的一部分，而这恰恰是嬉皮士想要超越的。如今，如此多的副本被丢弃，诉说着那些曾经拥抱非主流生活方式的人们的幻灭。博韦的雕塑是放弃理想之人的纪念碑，它见证了资本主义所面临的困境。

先知耶利米，艾克斯祭坛画右侧嵌板

据传为巴泰勒米·德·艾克

1443—1445年，木板油画，152厘米×86厘米（59⅞英寸×33⅞英寸）
比利时皇家美术博物馆，布鲁塞尔

  先知耶利米站在基座上，正浏览着一本蓝色皮革封面的书。在他的头顶上有一块隔板，上面塞满了书、散乱的羊皮纸、陶罐以及一些木盒子。这些静物的摆设充满了生活气息，不禁使观者联想起作为《旧约》伟大先知之一的耶利米的文学和精神生活。先知的形象犹如雕塑一般，或许暗指克劳斯·斯吕特的《摩西之井》——一个早期的修道院雕塑，在该作品中，先知手持栩栩如生的书和卷轴。这幅画据传为佛兰德艺术家德·艾克（约1420—1470年）所作，原本是为法国普罗旺斯艾克斯的圣索维尔大教堂创作的三联画之一。这件三联祭坛画现如今已经解体了，另两幅木板画以一个哥特式教堂为场景，画面内容分别是先知以赛亚和圣母领报。画面中的人物身着15世纪的服饰，每幅木板画都含有书籍内容，但只有耶利米在专心阅读，他在向世人展示倾听教会有学问导师的美德。然而，正如《圣经》所示，几乎没有人注意到耶利米在公元前600年左右所传达的忏悔的原初，这位先知遭到了诸多迫害。

但丁·阿利吉耶里的肖像
出自《七个诗人和作家圈》

卢卡·西尼奥雷利

1499—1504年（局部），壁画，尺寸不详
圣布里齐奥礼拜堂，奥尔维耶托大教堂，翁布里亚大区

劳拉·巴蒂费里肖像

阿尼奥洛·布龙奇诺

约1560年，布面油画，83厘米×60厘米（$32^{5/8}$ 英寸 × $23^{5/8}$ 英寸）

旧宫，佛罗伦萨

在这幅神秘的肖像画中，女人的目光从观者身上移开，将观者的注意力引向她手里一本打开的书上。带着一种脱离现实的表情，她似乎陷入了沉思，也许在沉思她纤细手指所指的诗句。画中的人物是佛罗伦萨艺术界一位富有的诗人劳拉·巴蒂费里（1523—1589年）。她手里拿着一本彼得拉克的十四行诗集。彼得拉克是意大利文艺复兴时期的一位诗人，被视为人文主义的奠基人。为了确保书上的文字清晰可辨，布龙奇诺细致地描绘了彼得拉克诗集中的两首十四行诗，这两首诗是他献给挚爱的、颇具神秘色彩的劳拉的。劳拉是一个"无法接近、无法企及的美人"，她的"性情比起外貌来更让人难以捉摸"。事实上，这些十四行诗并没有出现在彼得拉克著名的作品集《歌谣集》上。此处艺术家的意图不仅是将他的绘画对象与彼得拉克的劳拉进行比较，而且还意在将视觉人物与文学人物进行对比。巴蒂费里不同寻常的头部姿态让人联想起硬币上的人像。有种说法认为布龙奇诺意在强调模特的鹰钩鼻，借此使观者联想起波提切利所画的另一位意大利著名诗人但丁的侧面像。

六歌仙之二：近玄喜一和木田大谷

溪斋英泉

1829年，浮世绘版画，20.8 厘米 × 18 厘米（8¼ 英寸 × 7¼ 英寸）

哈佛艺术博物馆，剑桥，马萨诸塞州

坐在地板上，身穿传统服饰的是两位鼎鼎大名的日本诗人。其中一人坐在一个基座前，基座上摆着一本打开的书，他正在研读一本古诗集。另一人手拿一把扇子，旁边的书摆放得整整齐齐，他摆出一副随时准备跳起来离开的架势。然而，他们并非真正的诗人。事实上，他们是牛若丸（也称为源氏吉信）故事里的人物。牛若丸是日本著名的悲剧英雄，他是12世纪的一个贵族，是源氏家族的武士。这幅木板版画里的两个男人是军事家近玄喜一和木田大谷，溪斋英泉（1790—1848年）将他们描绘成六歌仙中的两位，即大友黑主和文屋康秀。六歌仙是一个流行主题，以9世纪六位杰出的文学人物为对象。这幅版画可追溯至江户时代（1603—1868年）晚期，隶属于三个系列，包括六歌仙。这幅画上除复杂的人物外，还有江户时代诗人所写的诗歌，这幅版画或许就是由这两位诗人委托定制的。

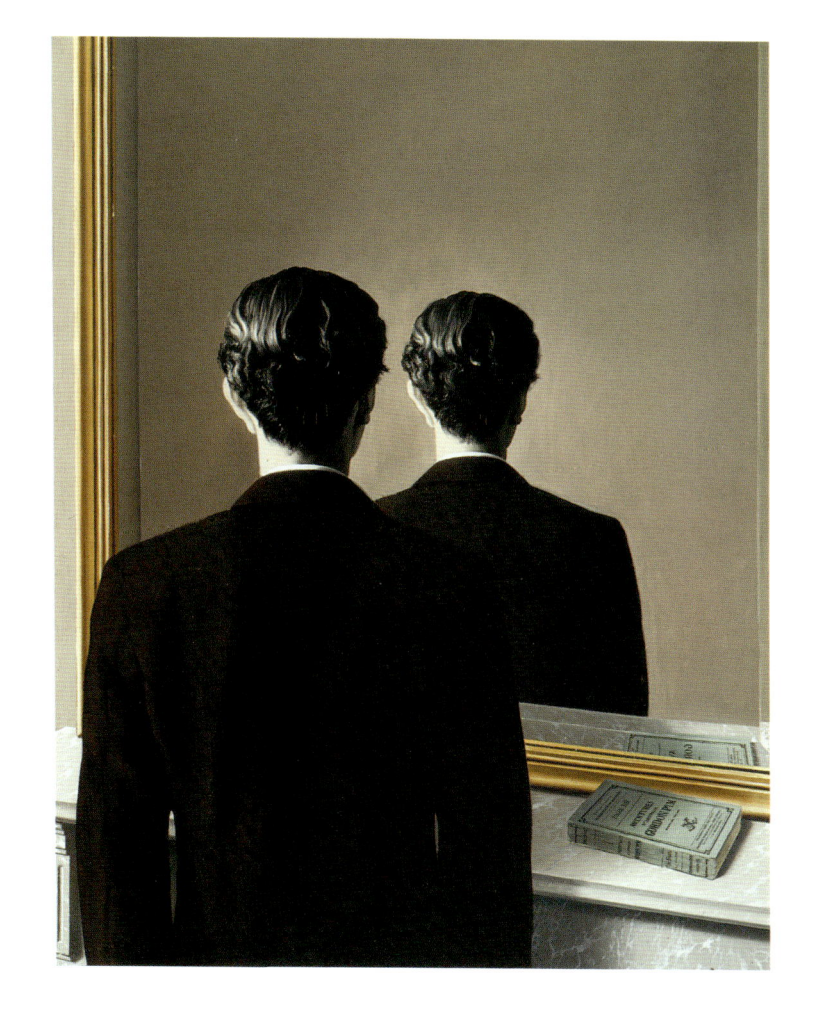

严禁复制

勒内·马格利特

1937年，布面油画，
81.5 厘米×65 厘米（32 英寸×25$\frac{1}{2}$ 英寸）
博伊曼斯·范·伯宁恩美术馆，鹿特丹

  一个男人注视着镜子里的自己，但他只看到自己的后脑勺而不是面容。在他旁边的壁炉台上放着一本破旧的埃德加·爱伦·坡的小说《亚瑟·戈登·皮姆的故事》（1838年），这是画面镜像中唯一合理的物象。这位穿着西装、头发油亮的人物是爱德华·詹姆斯，一位英国诗人、超现实主义艺术的赞助人。这幅油画也是詹姆斯委托定制的，是马格利特（1898—1967年）受托创作的三幅作品之一，用以装饰赞助人在伦敦的家。两位男士都非常欣赏爱伦·坡的作品，马格利特被作家沉浸于幻想与现实之间的关系所吸引。据传这部小说讲述了亚瑟·戈登·皮姆南极之旅的亲身经历。皮姆一再声称他才是这本书的真正作者，而"坡先生"只是此书的编辑。他担心读者会把他的游记当作小说而不是亲身经历来看。这幅肖像画以一种与爱伦·坡小说相似的方式来理解现实：二者都依赖于隐藏的身份，都把不可能的场景表现得犹如真实的存在。

西斯廷教堂天花板上的壁画埃里色雷女先知
米开朗琪罗
1509年，壁画，380 厘米×约360 厘米（150 英寸×约140 英寸）
西斯廷教堂，梵蒂冈

利比亚女先知

圭托乔·柯查莱利

1483年,马赛克镶嵌地板,左中殿,约158厘米×110厘米(约62¼英寸×43⅜英寸)
圣玛利亚·阿森塔大教堂,锡耶纳

一位身材高大的黑人妇女穿着精致的布衣和凉鞋,手里拿着一幅卷轴和一本打开的书。她是意大利锡耶纳大教堂镶嵌画地板上的十位古代女先知之一。女先知原本是希腊的异教徒,是圣地预测未来的女性。人们认为女先知能够预测未来,因此在做重大决定前常常会先咨询她们的意见。利比亚女先知是被驱逐出古埃及底比斯阿蒙神庙的两位女祭司之一。她穿越沙漠,来到了古利比亚锡瓦绿洲的阿蒙神庙,并在那里成为女先知。柯查莱利(1450—1517年)以她的名字和据传为她所作的诗句来表现这位女先知。对于基督徒来说,女先知代表了一个观念,即上帝甚至可以通过异教徒发声。圣奥古斯丁一五一十地引用了埃里色雷女先知的话,坚信她的预言是有关基督的。在基督教艺术中,女先知的形象总是伴随着书籍和卷轴出现的,创作者以此表明她们的预言能力。米开朗琪罗(1475—1564年)创作的西斯廷教堂天顶壁画中,囊括了《旧约》中提及的先知和五位女先知。

圣保罗

拜占庭（叙利亚北部）

7世纪早期，象牙，32厘米×13.4厘米（12$\frac{5}{8}$英寸×5$\frac{1}{4}$英寸）

国立中世纪博物馆，巴黎

亚历山大的圣凯瑟琳

让·克罗克工作室

约1475—1525年，石灰石上色，
156.2厘米×57.2厘米×36.2厘米（61½ 英寸×22½ 英寸×14¼ 英寸）
大都会艺术博物馆，纽约

4世纪早期，亚历山大的圣凯瑟琳惨遭迫害，但是在这件作品中，她是胜利者。她手里拿着《圣经》，脚下是被征服的马克森提乌斯国王，只见他沮丧地握紧拳头。根据传说，凯瑟琳是一位公主，同时是一位赫赫有名的学者，在14岁那年看到圣母玛利亚和圣婴基督的幻象后，她皈依了基督教。当罗马帝国在马克森提乌斯的统治下开始迫害基督徒时，凯瑟琳对马克森提乌斯的野蛮行径进行了谴责。为此，国王召集了50位杰出的异教哲学家，命令他们驳斥凯瑟琳所信仰的基督教教义。凯瑟琳从《圣经》中汲取灵感，以雄辩的口才和坚定的信仰赢得了辩论，并使很多对手皈依了基督教。马克森提乌斯立即下令将他们全部处死。凯瑟琳首当其冲，受到带刺车轮的残酷碾压，在车轮被一道神奇的闪电摧毁后，她最终被砍头。如今车轮已是一个绘画母题，通常与凯瑟琳有关。这位佚名艺术家在这件作品中意在突出凯瑟琳渊博的学识和坚定的信仰。她沉浸于《圣经》中，完全没有注意到那位迫害她的精神贫乏的统治者。

"当心只看一本书的人。"

——托马斯·阿奎那(1225—1274年)

圣托马斯·阿奎那的胜利

贝诺佐·戈佐利

约1470—1475年，面板蛋彩画，230 厘米 × 102 厘米（90½ 英寸 × 40⅛ 英寸）
卢浮宫，巴黎

在这件作品中，托马斯·阿奎那的膝盖上堆满了书，他的形象是整幅画面的核心。他手上拿着一本打开的书本，这是他著名的著作《反异教大全》（1259—1265年），此书意在为天主教传教士在西班牙游说穆斯林和犹太人皈依天主教时提供帮助。此书的左页是拉丁文"箴言8:7"："我口中默念真理，舌战不虔诚之辈。"托马斯的两侧站着亚里士多德和柏拉图，他们同样各持一书，一副顺从的样子。躺在阿奎那脚下的是裹着头巾的伊本·鲁世德（即阿威罗伊斯），他是中世纪的阿拉伯哲学家，一位博学之人，他的伊斯兰神学观念遭到阿奎那的强烈反对，然而这对他个人哲学思想的形成起到了决定性作用。在这件作品的下半部分，可见教皇正在主持会议，并向主教们宣称阿奎那是"教会之光"。在作品的上半部分，四位福音学家正在撰写福音书，他们的身后是摩西和圣保罗，前者手里拿着法律文书，后者站立着，一手拿着一本合上的书，一手持剑。在他们的上方，基督对阿奎那说道："托马斯，你把我写得很好。"戈佐利（1421—1497年）在这件作品的构图上做了精心安排，以此凸显阿奎那在哲学家和神学家中的显要地位。

温和的启蒙运动
伊姆兰·库雷希

2006年，不透明水彩画和纸上金箔
18.5 厘米 × 14.5 厘米（7¼ 英寸 × 5¾ 英寸）
私人收藏

想要再读一本

摘自"山水美人"系列

歌川国芳

1861年前（江户时代），浮世绘，尺寸不详
东京国立美术馆，东京

阿基坦的埃莉诺墓像
艺术家不详

1204—1210年（局部），多色凝灰岩石灰石
整体尺寸：69.4厘米×235.3厘米×75.1厘米（$27^{3/8}$英寸×$92^{5/8}$英寸×$29^{1/2}$英寸）
丰特弗洛修道院，安茹，法国

这尊非凡且非正统的墓像或死者雕塑卧像描绘了阿基坦的埃莉诺正在阅读一本书，她仿佛还活着，而不是像逝者那样躺着。作为法国（嫁给路易七世）和英国（嫁给亨利二世）的王后，埃莉诺是12世纪欧洲最有权力的女人之一。她手中拿着的书极有可能是《圣经》或《诗篇》（一本收录赞美诗的书），尽管雕塑作品中包含书的元素不是什么罕见之事，但是将书籍置于如此显著的位置却非同寻常。事实上，在丰特弗洛修道院的死者雕塑卧像旁还有两尊雕塑，分别是埃莉诺的儿子狮心王理查德和她的丈夫亨利二世，但是他们的雕像中并没有出现书籍。这就意味着文学对埃莉诺来说非常重要。她专心阅读的形象便是她广博学识的符号，而在那个年代妇女具有文化素养以及接受教育还是一件罕见之事。据传，她曾经委托出版了若干本有关英国历史的书籍。对于现代作家来说，埃莉诺是一位耐人寻味的人物，她的形象也出现在一些小说中，其中最为人熟知的是伊丽莎白·查德威克、莎伦·凯·彭曼、琼·普莱迪等作家所著的历史小说。

卧读

梅尼特·拉森

2015年，布面油画
152 厘米 × 97.2 厘米（60 英寸 × 38¼ 英寸）

安蒂奥克的圣伊格内修斯

多明尼克·贝卡夫米

1551年前,木板油画,101 厘米×73 厘米(39¾ 英寸×28¾ 英寸)

基齐–萨拉齐尼收藏馆,锡耶纳

持书的年轻人

圣居迪勒景观大师

约1480年，木板油画，21厘米×13厘米（8¼ 英寸×5⅛ 英寸）
大都会艺术博物馆，纽约

  一个年轻人拿着一本心形的书，站在教堂门口陷入了沉思。他的身后正在举行一场弥撒。这是天主教礼拜的高潮。自古以来，人类的心脏都被视为人类情感的传统宝库：古埃及的教谕文献将心脏定义为道德良知的所在，《圣经》将心脏等同于人的内心。到了中世纪，随着书籍变得越来越普及，"心灵之书"即记录隐秘或隐藏的自我，此类隐喻也变得愈发普遍。尽管这幅作品中的手稿可能是一种艺术创造，但是抄录诗歌和祈祷文的心形抄本确实存在。在这件油画作品中，这个心形物体兴许暗示的是背景中弥撒的象征意义。这一场景特别展现了圣体升天的情形，这是弥撒仪式的一部分，回应了牧师号召信徒"振作起来！"的呼吁。艺术家特意将牧师手中的面包和年轻男子手中的书置于同一垂直线上，暗指基督圣体和"心灵之书"之间的联系，体现了男子对上帝最深沉的虔诚。

057

教会神父的半身像
（可能是米兰的圣安布罗斯）

汉斯·比尔盖尔

1489—1496年，彩色石灰木，高约60厘米（23$^{5/8}$ 英寸）
古代雕塑品博物馆，美因河畔的法兰克福

教会神父的半身像
（教皇圣格列高）

汉斯·比尔盖尔

1489—1496年，彩色石灰木，高约60厘米（23⅝英寸）
古代雕塑品博物馆，美因河畔的法兰克福

圣哲罗姆
马斯特·西奥多里克
1360—1365年，木板蛋彩画，113 厘米 × 105 厘米（44½ 英寸 × 41⅜ 英寸）
国家美术馆/卡尔施泰因城堡，布拉格

女子肖像

雅克·戴斯

约1430—1440年，面板油画，49.3厘米×35.6厘米（19½ 英寸×14 英寸）

邓巴顿橡树园，华盛顿特区

圣母领报三联画之中联
梅罗德祭坛画

罗伯特·坎平工作室

约1427—1432年,橡木油画,64.1厘米×63.2厘米(25¼ 英寸×24⅞ 英寸)
大都会艺术博物馆分馆/修道院博物馆,纽约

学生
尼古拉·波格丹诺夫-贝尔斯基
1901年，布面油画，167厘米×138厘米（65¾ 英寸×55⅜ 英寸）
萨拉托夫州立艺术博物馆，俄罗斯

两个修道士在图书室看书

出自雅克·勒格朗《良好行为之书》

吕松的大师

1400—1410年，彩色手稿，尺寸不详

法国国家图书馆，巴黎

正在看书的修道士之三

恩斯特·巴拉赫

1932年，橡木，84厘米×60厘米（33英寸×23$^{5/8}$英寸）
老国家美术馆，柏林

两个坐着的男子正静静地注视着膝上一本打开的书陷入沉思。除描述中世纪的修道士共用歌本合唱外，修道士一起阅读的场景并不常见，表现阅读场景通常是为了突显个体对学习或事业的追求。然而，尽管这件木雕作品有着中世纪艺术的神髓，但实际上可追溯至12世纪。巴拉赫（1870—1938年）是一位坚定的和平主义者，在第一次世界大战结束与第二次世界大战开始之间隙，在德国纳粹党崛起的背景下，他创作了这件作品。他的作品充满精神性，常常借用与基督教历史有关的意象和母题。这件雕塑作品中的书籍可能是《圣经》，书名不明朗是有意为之。此处阅读共享的意象更加明确表达了社区赋权的含义。纳粹党极力想要削弱基督教对德国社会的影响，因此反对巴拉赫雕塑中所表达的精神。此类雕塑作品挑战了希特勒在其自传《我的奋斗》（1925年）这本书后来与《圣经》一样，在德国民众的家中随处可见，书中所表达的法西斯意识形态。1937年，包括这件作品在内的约400件巴拉赫作品被纳粹党没收，被以"非日耳曼"艺术为由加以攻击，并被贴上"堕落艺术"的标签。

两个在辩论的使徒

卢卡·西尼奥雷利

约1483年，壁画，238 厘米 × 200 厘米（93¾ 英寸 × 78¾ 英寸）
圣约翰圣器收藏馆
圣卡萨大教堂，洛雷托

王子和一位持书的宗教人士在讨论

出自《小克莱夫专辑》

艺术家不详（莫卧儿学派）

18世纪，纸上不透明水彩画，19.6厘米×12.5厘米（7¾英寸×5英寸）

维多利亚与阿尔伯特博物馆，伦敦

耶稣与博士

出自《基督生平》

艺术家不详

15世纪，壁画，约124厘米×126厘米（$48^{7/8}$ 英寸×$49^{5/8}$ 英寸）
圣塞巴斯蒂安礼拜堂，兰斯勒维拉德，萨伏依

12岁的耶稣坐在一张宝座一般的椅子上，正与犹太教导师——博士们——进行激烈的讨论。博士们对眼前这个博学的少年感到惊讶，他们抽出一些经文来评估他的教义。其中一位博士指着书页，而另一位年长者紧盯着他的书，还有一位博士在争论时举起手，另外一些博士则专心致志地聆听着。基督本人手上并没有书，以此表明他对《圣经》已了然在心。这一场景基于《路加福音》中的一段情节改编而来，在这段情节中，耶稣陪同玛利亚和约瑟夫前往耶路撒冷朝圣；当他们回到拿撒勒时，耶稣仍留在耶路撒冷，而他的父母并不知情。三天后，他们在圣殿里找到了耶稣，惊讶程度如同那些博士们。当玛利亚当面质问他时，耶稣答道："你们为什么要找我？难道你们不知道我必须要在圣父的房子里吗？"这一事件经常出现在艺术作品中，并通常会被包含在基督生平的整个故事系列中，正如这个乡村小教堂的例子。博士们手里的大尺寸书籍成为中世纪后期肖像画的一个显著特征，反映出当时手抄本的流行程度。

耶稣与博士

帕尔马·乔瓦尼

1628年前，布面油画，62厘米×63厘米（24 3/8 英寸×24 7/8 英寸）

马格宁博物馆，第戎

"古腾堡让每个人都成为读者。"

——马歇尔·麦克卢汉（1911—1980年）

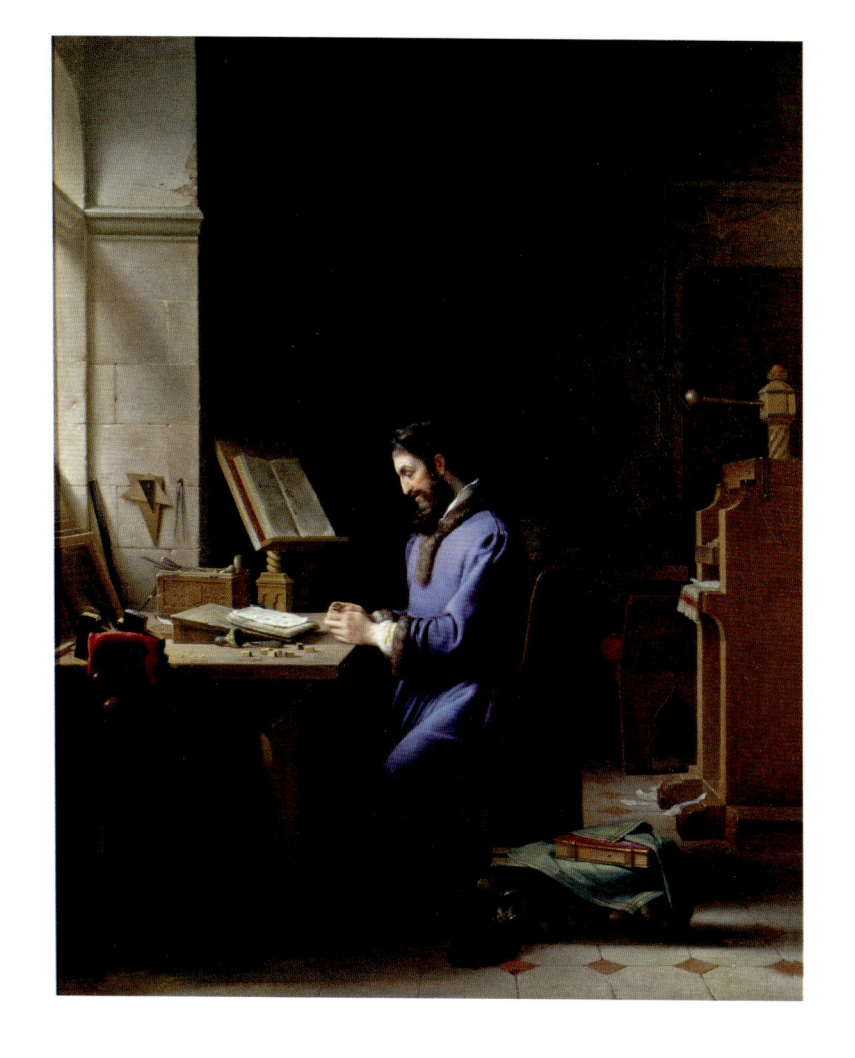

印刷机的发明者古腾堡

让-安东尼·洛朗

1831年，布面油画，98厘米×79厘米（38⅝英寸×31⅛英寸）
格勒诺布尔博物馆，法国

在这幅绘画作品中，洛朗（1763—1832年）描绘了约翰内斯·古腾堡坐在工作室里陷入沉思的情景。他的周围到处都是书籍和装订用具。他手里拿着小块活字，正是这些活字给西方的书籍制作带来了革命性的改变。古腾堡将机械印刷术引入欧洲，这一事件被认为是第二个千禧年里最重要的一次技术进步。他开创性的印刷技术为现代大众传播奠定了基础，并在文艺复兴、新教改革以及启蒙运动的发展中发挥了重要作用。在印刷术发明之前，书籍的复制是由雇佣的抄写员来完成的。自从有了古腾堡的发明，书籍变得更容易获得，也更便宜，信息和观念的传播也变得更快。政治和宗教的力量对社会的控制开始变得松动，大众读写能力的提高意味着教育的日益普及。古腾堡最重要的作品是1455年的拉丁文版《圣经》。这个版本的《圣经》每页42行，双栏印刷，以其技术质量和较高的审美标准而闻名。若干年后，印刷技术进入全欧洲的大小城市。书籍的生产方式被彻底改变了。

马丁·路德肖像

小卢卡斯·克拉纳赫

1559年,面板油画,46 厘米×32 厘米(18$\frac{1}{8}$ 英寸×12$\frac{5}{8}$ 英寸)
国家博物馆,克拉科夫

约翰·加尔文肖像

弗朗索瓦·斯蒂尔海尔特

约1602—1652年，纸上版画，32 厘米×20.9 厘米（12$\frac{5}{8}$ 英寸×8$\frac{1}{4}$ 英寸）
荷兰国家博物馆，阿姆斯特丹

  法国神学家约翰·加尔文站在书房里，周围摆满了书。加尔文、马丁·路德、赫尔德里奇·茨温利被认为是新教改革中最重要的人物。在这件版画中，斯蒂尔海尔特（活跃于1646—1652年）描绘了改革家正在阅读他的《基督教要义》（1536年），此书是有史以来极具影响力的神学书籍。它是加尔文对其信仰的系统辩护，对基督教加尔文主义和归正宗的发展都起到了指导作用。加尔文主义教导人们，上帝在拯救信徒方面拥有绝对主权。加尔文是一位多产的作家，斯蒂尔海尔特在画面中安排了书架，上面摆满了加尔文的《圣经》注释本。前景中的《日内瓦圣经》（1560年）副本是基督教《圣经》英译本中具有历史意义的版本。这是第一次由机械大批量印制的《圣经》，且直接面向公众，加尔文对这一版本的发展起到了重要作用。它是16世纪英国新教徒广泛使用的《圣经》主要版本，也是威廉·莎士比亚、约翰·多恩及约翰·班扬等利用《圣经》的主要来源，也是17世纪乘坐"五月花"号前往美国的清教徒们使用的《圣经》读本。

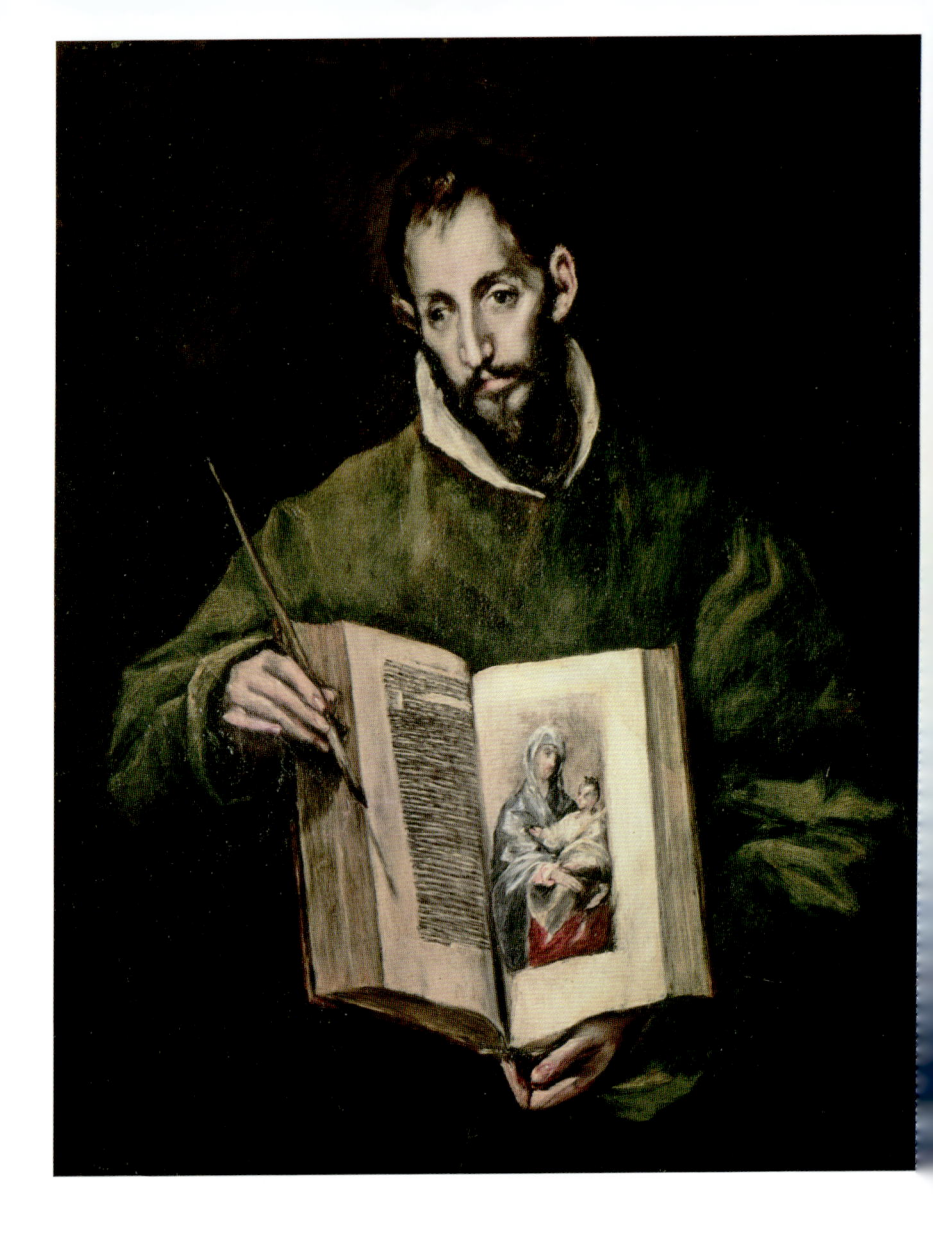

圣卢克

埃尔·格列柯

1605—1610年，布面油画，98 厘米×72 厘米（$38^{5/8}$ 英寸×$28^{3/8}$ 英寸）

托莱多大教堂，西班牙

马克·特拉帕杜正在研究版画书

古斯塔夫·库尔贝

1848年，布面油画，41厘米×32厘米（16⅛英寸×12⅝英寸）
现代艺术博物馆，特鲁瓦

Yishai Jusidman (México, 1963)

J.N., paciente con trastorno esquizofreniforme orgánico asociado a traumatismo cráneo-encefálico acompañado de empobrecimiento afectivo, intelectual y de voluntad, con La fragua de Vulcano *(1630) de Velázquez.*
(1998)

Oleo y temple al huevo sobre madera

患有器质性精神分裂症伴有脑损伤、脑功能减退和认知—情感障碍的病人,手中拿着一本画册,打开的页面为一幅由委拉斯开兹创作的《伏尔坎的锻炉》(1630年)

来自"治疗"系列

伊沙伊·胡希德曼

1998年,木板蛋彩油画,91.5厘米×51厘米(36英寸×20英寸)

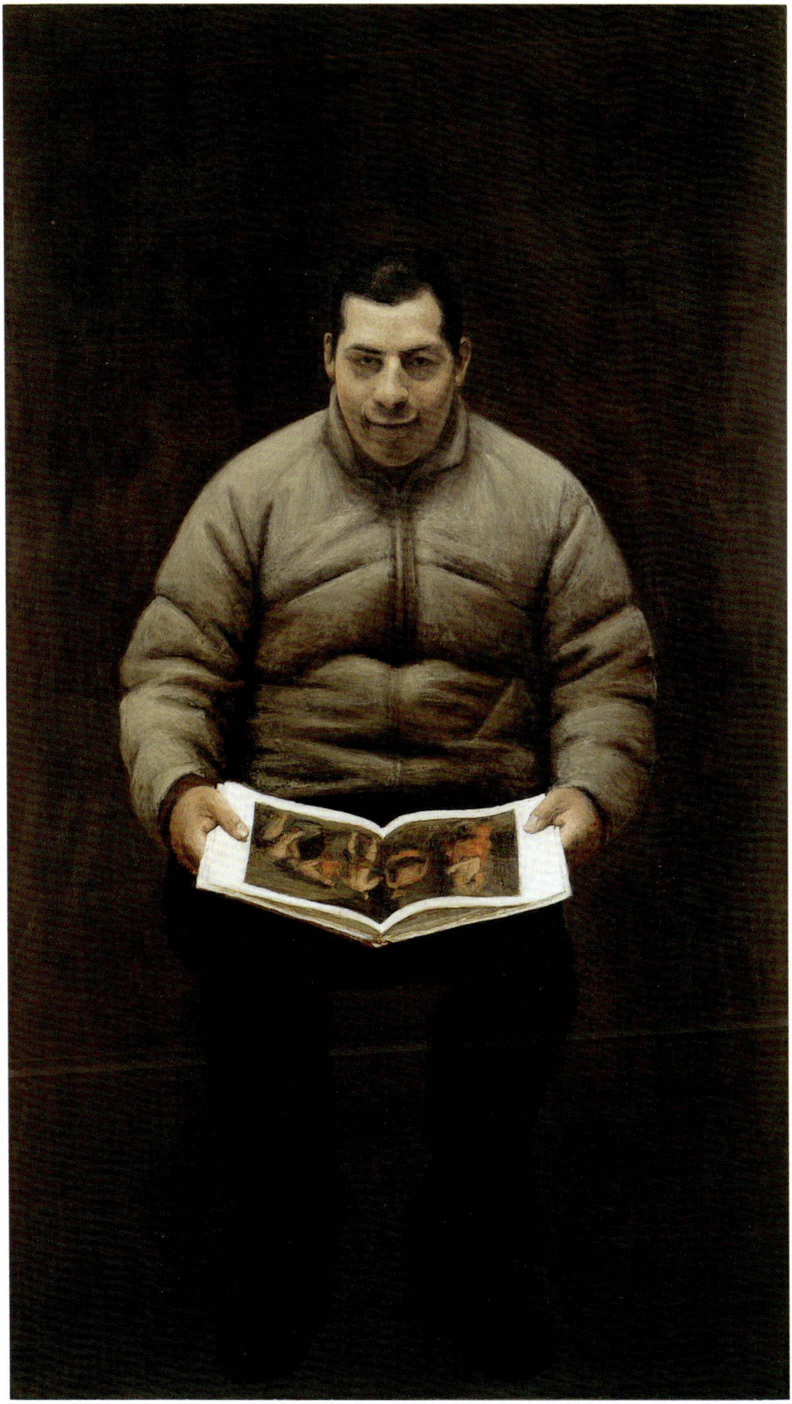

帕多瓦的圣安东尼

埃尔·格列柯

约1580年，布面油画，104厘米×79厘米（$40^{7/8}$ 英寸×$31^{1/8}$ 英寸）
普拉多国家博物馆，马德里

一个小婴儿躺在打开的《圣经》书页上，令圣安东尼目瞪口呆。据传，圣安东尼在宣讲关于基督道成肉身的奥义时，看到了圣婴的幻象。圣婴突然神奇地出现在手中的书页上，打断了他的布道。圣安东尼是一位葡萄牙神父，也是方济各会修士。他以铿锵有力的布道和神学知识而闻名于世。他将一生都奉献给了穷人和病患，并因此成为天主教教会历史上最快被封为圣徒的人之一。在艺术作品中，他常常手持书本，意指他为人所称道的经学知识，而白色百合的母题则代表他的圣洁。在很多绘画作品中，他的形象要么是环抱年幼的基督，要么手持书本站立着。然而，在这件作品中，救世主被描绘成一个胎儿的模样，表面看来仍在羊膜囊内。有人认为基督的形象是后来添加上去的，而不是埃尔·格列柯本人所画。

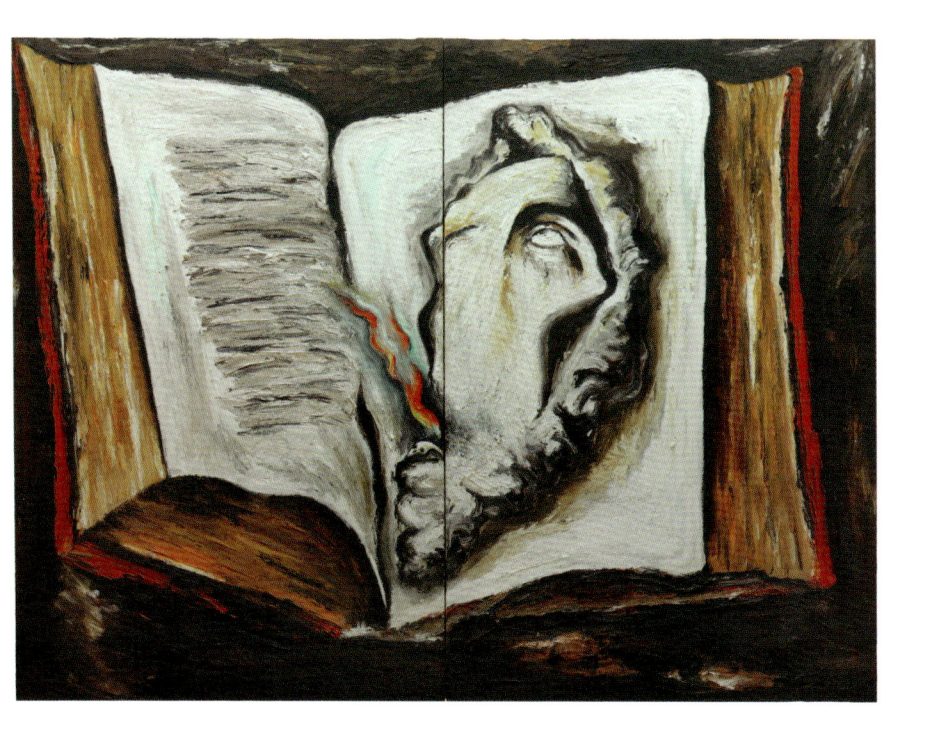

残画掠影
恩佐·库基
1983年，布面油画，250 厘米×340.5 厘米（98 3/8 英寸×134 英寸）
法国国家现代艺术博物馆，乔治·蓬皮杜国家艺术文化中心

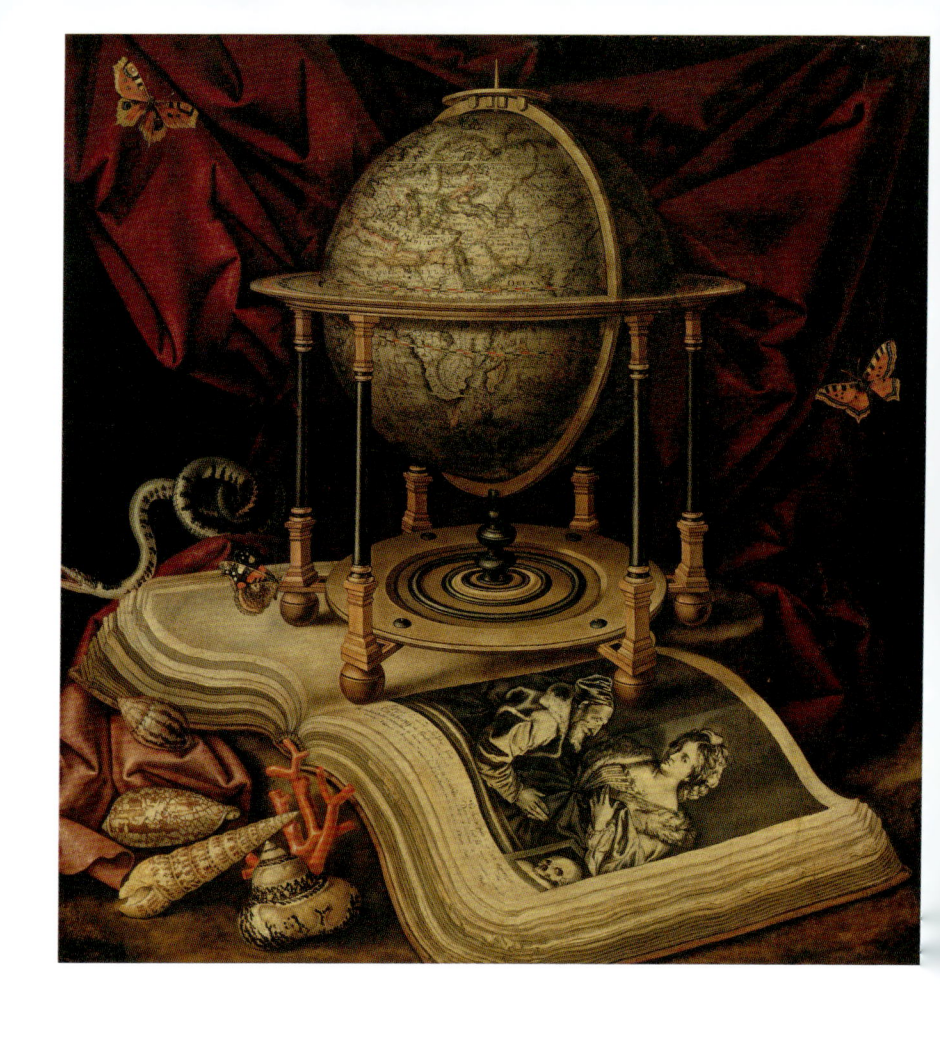

虚空静物画：地球仪、书、贝壳、蛇和蝴蝶
卡斯蒂安·卢伊克斯
约 1645—1658 年，布面油画，98.8 厘米 × 96 厘米（38 7/8 英寸 × 37 3/4 英寸）
私人收藏

烛光下的天文学家

杰拉德·道

1655—1659年，面板油画，32 厘米 × 21.2 厘米（12$^{5/8}$ 英寸 × 8$^{3/8}$ 英寸）
J.保罗·盖蒂博物馆，洛杉矶

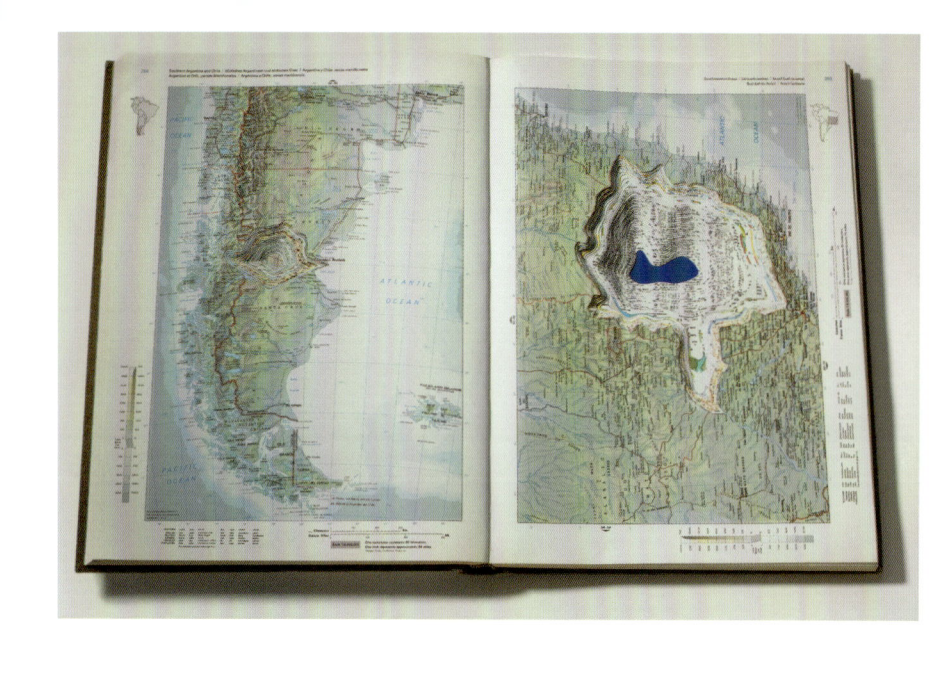

兰德·麦克纳利地图景观：新世界地图册

玛雅·林

2006年，长方形地图（1981年出版）
打开尺寸：38.1厘米×59.1厘米×2.9厘米（15英寸×23¼英寸×1⅛英寸）
合上尺寸：38.1厘米×28.9厘米×4.4厘米（15英寸×11⅜英寸×1¾英寸）

从这本打开的旧地图册页上可以看到阿根廷、智利、巴西的地图。然而，这三个南美洲国家的领土已经被切割，形成巨大的、坑坑洼洼的空洞。凹陷的区域穿过地图册，露出底下的书页，就像一层层的沉积岩。这本改动过的地图册是林（生于1959年）创作的一系列类似作品中的一件，她借助一把工艺刀剔除地图上一些重要的地理细节，设计并创作出陌生的新地形。通常来说，地图集是我们所生活的世界的权威性体现。利用制图法，地图承载着错综复杂的空间信息，并以一种清晰易读的形式呈现出来。然而，林认为地图不是中性的，而是天生具有政治性的，它呈现世界的方式不可避免地影响着我们对它的认知。在全球化迅猛发展的时代，边界和界限变得比以往任何时候都更为可塑性。她对地图的干预是在有意挑战公认的领土和地理界限观点，提出一个更为灵活的有关地域的观念。然而，这一观念是不是一种积极的发展性观念，还有待观者来决定。

只有蓝色（不列颠群岛）

塔尼亚·科瓦茨

2014年，八张被改变的地图，亚克力盒
150 厘米 × 110 厘米 × 10 厘米（59 1/8 英寸 × 43 3/8 英寸 × 3 7/8 英寸）

与玛雅·林一样，科瓦茨（生于1966年）在她的作品中也使用地图，但方式非常不同。她没有采取切割的方式，而是用白色颜料在这些过时的地图上进行涂抹，抹去陆地，只剩下陆地周围的蓝色海域。在她的这件作品中，八张被改变的地图粘贴在一起，展示了整个大不列颠岛全貌：大不列颠、爱尔兰以及数千个小岛屿。在每一张打开的地图册里，一张犹如白雪的毯子掩盖着地形和所有城市、城镇的名称以及其他地貌特征。艺术家抹去陆地，将观者的注意力引向陆地周围的海域，提出了一种审视欧洲这一部分土地不同的方式。作为海洋国家，英国和爱尔兰与海洋之间的关系对国家的形成产生了重要影响，尽管这些国家有着数千年人类活动的痕迹，但是其周围的水域却没有发生太多明显的改变。然而，无论是从物质上还是文化上来说，海洋一直影响着大不列颠岛，未来也将如此。这也提醒我们，正如世界上诸多纪实书籍一样，任何一本地图册迟早都将被其他技术以及它们所代表的日益变化的地理区域事实所取代。

打开的书和空杯子
肯·基夫
1999年，纸面蜡笔和丙烯颜料
84 厘米×72 厘米（33 英寸×28 3/8 英寸）
私人收藏

一杯茶

安德烈·德兰

1935年，布面油画
92 厘米×74 厘米（36¼ 英寸×29⅛ 英寸）
法国国家现代艺术博物馆、乔治·蓬皮杜国家艺术文化中心，巴黎

很多书
约瑟芬·霍尔沃森
2009年，亚麻布面油画
31.1厘米×48.3厘米（15英寸×19英寸）
私人收藏

阅读书单

阿丽莎·尼森鲍姆

2013年，亚麻布面油画
76.2 厘米×61 厘米（30 英寸×24 英寸）
私人收藏

- *Osbert of Aldgate And the Troubadour* — Elizabeth M. Stewart — Petter Duff & Co.
- *Tower Hill, An Historical Romance* — William Harrison Ainsworth — Bernhard Tauchnitz
- *The Necessary Monument: Its Future in the Civilized City* — Theo Crosby — NYGS
- *Chronicles of Cannon Street: After Records of an Old Firm* — Joseph Travers & Sons
- *The Mansion House* — George Charles Smith — Wakefield
- *Blackfriars: The Monks of Old, A Romance* — Chronicles...
- *The Temple: Sacred Poems and Private Ejaculations* — Herbert & Harvey — Pickering
- *Embankment Design and Construction in Cold Regions* — E. G. Johnson — Tedrick, Council on Cold Regions Engineering
- *Westminster: Palace and Parliament* — Patrick Cormack — F. Warne
- *St. James's Park: A Comedy by "P.Q."* — John Crypher
- *Victoria: The Biography of a Pigeon* — Alice Renton — Random House
- *The Sloane Square Scandal and Other Stories* — Annie Thomas — General Books

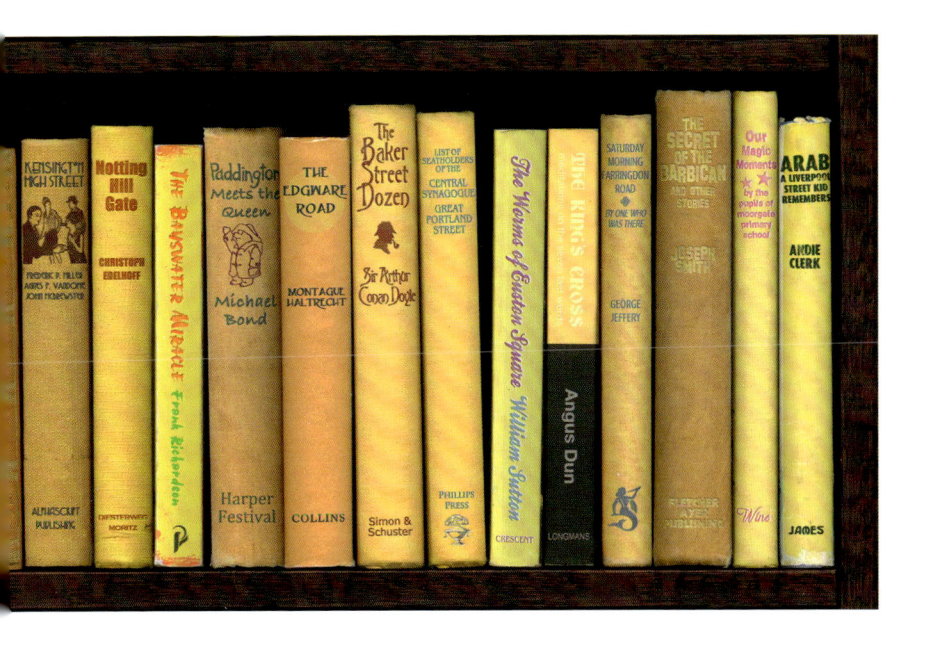

伦敦地铁：环线

菲尔·肖

2012年，档案版画

34 厘米 × 97 厘米（13 3/8 英寸 × 31 1/8 英寸）

  迈克尔·邦德的《当帕丁顿遇见女王》、亚瑟·柯南·道尔爵士的《贝克街十三桩疑案》、安格斯·邓恩的《国王十字街》之间的共同点是什么？在肖（生于1950年）的笔下，它们是经过重构的伦敦地铁的站名。乍一看，这件有趣的版画似乎只是一架子的书籍而已。仔细一看，便会发现每本书上均有伦敦地铁的站名。这些书上标注了从阿尔德盖特到利物浦街经维多利亚的所有站名，黄色封面暗指地铁环形线的颜色，因为伦敦地铁示意图上的环形线便是黄颜色的。肖以擅长数字操作而为人所知，因而其作品中这些书籍的真实性遭到质疑也是再自然不过的。然而，尽管肖的其他作品中涉及虚构的书名，但这件版画作品中的书籍都是真实存在的，在英国图书馆的目录里均能找到。至于这些书籍是否都有褐黄色护封就不那么确定了。肖还创作了一系列此类书架版画，其中有几幅来自伦敦地铁的灵感，另外几幅则与纽约地铁有关。2013年，他受委托为第39届八国峰会绘制一幅版画。他为此创作的版画中，以一排书籍体现18世纪经济学家、道德哲学家亚当·斯密的一句话："对于一个身体健康、无债务、问心无愧的人而言，夫复何求？"

音乐书架

朱塞佩·马丽亚·克雷斯皮

1720—1730年，布面油画，两块木板
每件尺寸均为165.5 厘米×78 厘米（65¼ 英寸×30¾ 英寸）
国际音乐图书馆，博洛尼亚，意大利

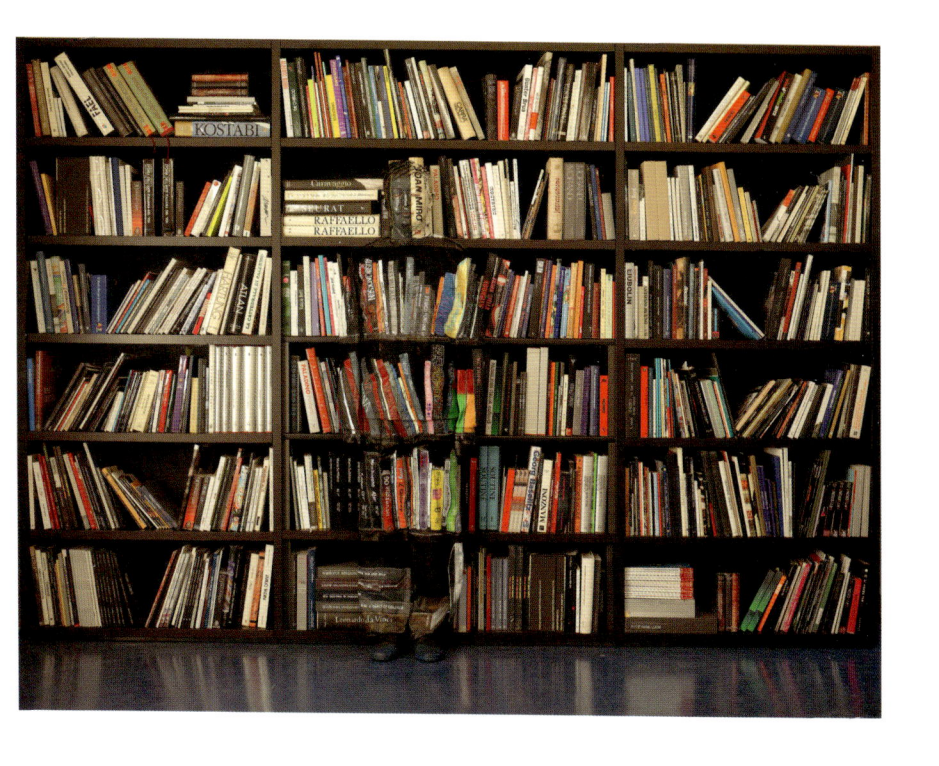

七号作品：艺术书籍，维罗纳

出自"隐于意大利"系列

刘勃麟

2012年，彩色照片
112.5 厘米×150 厘米（44⅓ 英寸×59 英寸）

航海者

肖恩·兰德斯

2012年，亚麻布面油画

182.9厘米×269.2厘米（72英寸×106英寸）

私人收藏

虚空静物画：骷髅和沙漏
阿德里安·柯尔特
1686年，布面油画
50.1厘米×41.4厘米（19¾英寸×16¼英寸）
私人收藏

圣哲罗姆

马里纳斯·凡·雷梅尔恩维勒

1541年，面板油画，80厘米×108厘米（31$\frac{1}{2}$英寸×42$\frac{1}{2}$英寸）

普拉多国家博物馆，马德里

索尔·胡安娜·伊内斯·德拉·克鲁斯肖像

米格尔·卡夫雷拉

约1750年,布面油画,尺寸不详
国家历史博物馆,查普特佩克城堡,墨西哥城

  这件肖像画是艺术家在受人尊敬的、博学的墨西哥修女索尔·胡安娜·伊内斯·德拉·克鲁斯死后创作的作品。画中,胡安娜修女正坐在图书室的书桌前,坚定的目光正视观者,她一只手拿着念珠,另一只手在翻一本打开的书。卡夫雷拉(1695—1768年)在画面场景中囊括了诸多书籍,其中涉及哲学、神学、自然科学及历史等,这些书籍与书桌、鹅毛笔以及墨水瓶都在传达索尔·胡安娜的身份——一位受人尊敬的学者。1667年,为了追随自己在文学上的兴趣,胡安娜成为一位修女。在隐修会(以圣哲罗姆的名义命名)期间,她撰写了诗歌、戏剧和社会宣言。她还与墨西哥和国外的知识分子保持联系。她因女性作家的身份受到责难之后,卷入了一场教会纠纷,为此,她写了一部平生最知名的著作《答复》(1691年)作为回应。在这部著作中,她捍卫了自己作为一名女性学习、思考以及创作的权利。天主教会不为所动,强迫她放弃学者身份,交出乐器、科学仪器以及四千多册藏书。她在信中拒绝遵从这些要求,并以血签名。在她生命的最后一年,她投入全部精力照顾病人。

圣哲罗姆在他的书房里

扬·凡·艾克

约1435年，橡木板亚麻布面油画
20.6 厘米×13.3 厘米（8⅛ 英寸×5¼ 英寸）
底特律艺术学院，密歇根

虚空

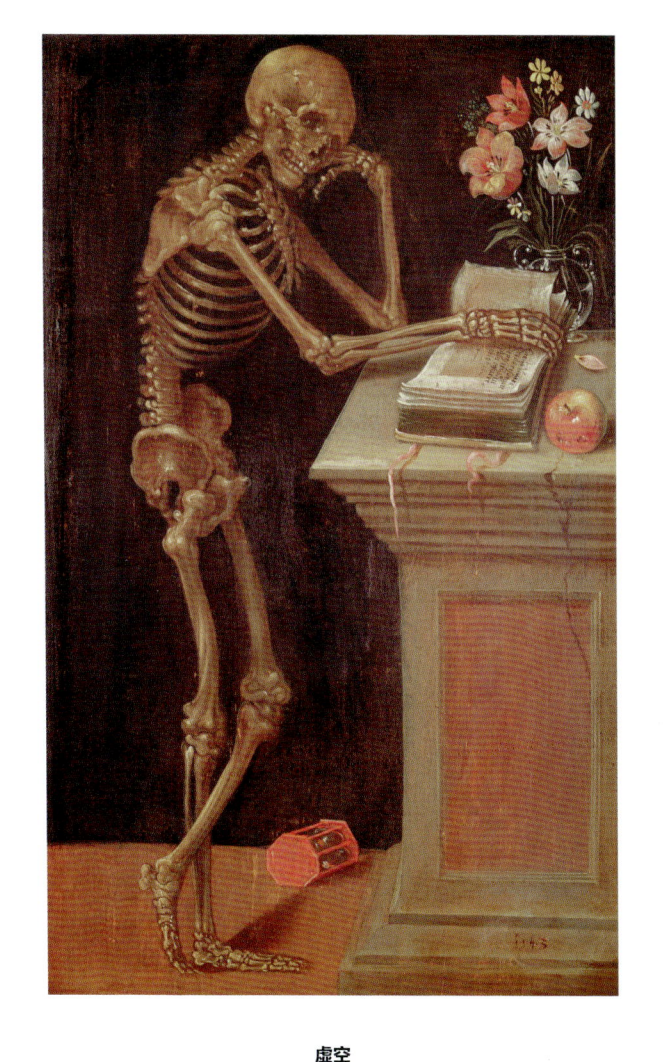

小汉斯·霍尔拜因

1543年，面板油画，尺寸不详

私人收藏

  一具神情疲惫的骨架倚靠在形如坟墓的底座上，对着一本打开的书陷入沉思。在骨架的旁边有一个花瓶、一个成熟的苹果，地上有一个打翻的沙漏。这幅画是虚空流派的早期作品，画中的每个元素都在提醒观者它们的死期，更为明确地说，是在提醒世俗幸福和欢乐的无意义性或虚空性。画中的书籍成为17世纪静物画中此类主题的常见符号，但是当霍尔拜因（1497—1543年）创作此件作品时，它还未如此普及。这幅作品的构图基于安德烈亚斯·维萨里赫赫有名的解剖学系列著作《人体构造》（1543年）中的一张图片，图中的骨架除手倚靠在一个骷髅头上外，其姿态与霍尔拜因作品中的骨架一模一样。霍尔拜因将骷髅头换成一本书，由此拓展了维萨里的构思：陷入对死亡的沉思中的骨架眼下开始思考知识和人类学识的短暂性。尽管这本书的书名尚不确定，但霍尔拜因的画作让人想起了《圣经·传道书》作者的一句话："虚空中的虚空；万物皆空……写书无止境，钻研太过带来肉体的疲累。""虚空"一词便出自《圣经》。

"书籍是人类最安静、最忠诚的朋友;它们是最平易近人、最有智慧的顾问,最有耐心的老师。"

——查尔斯·威廉·艾略特(1834—1926年)

安息日前的训诫
莫里斯·布泰·德·蒙韦尔
约1880年,布面油画
165 厘米 × 132 厘米(65 英寸 × 52 英寸)
城堡博物馆,内穆尔

圣哲罗姆
卡拉瓦乔
1606年，布面油画
116 厘米 × 153 厘米（45$^{5/8}$ 英寸 × 60$^{1/4}$ 英寸）
博尔盖塞美术馆，罗马

坚定的哲学家

赫里特·范·洪特霍斯特

1623年,布面油画,151.5 厘米 × 207.5 厘米（59⅝ 英寸 × 81⅝ 英寸）

德国霍赫布乔收藏馆

长期出借给列支敦士登王室藏品馆

一位在堆满书的桌案上工作的学者拒绝了一位半裸女子的引诱。这位面带微笑的引诱者褪下衣裳，抓住学者的肩膀，怂恿他行不轨之事。学者则摆手以示拒绝，并将目光从女子的身体上移开，注视着桌案上的大部头书卷。他对求知的执着使他能够抵挡诱惑。两位人物夸张的姿态令这件油画充满了幽默和戏剧气息。然而此画的意味却不甚清晰。比如，这对男女之间是什么关系？这位女子是男人的妻子还是引诱者？若是后者的话，她又是如何进入男人的私人书房的？范·洪特霍斯特（1592—1656年）并未给出这些问题的答案，而是呈现给观者一个视觉难题。其中一种解读是，这个场景表达了一种规劝，在追求精神和肉欲之间应选择前者，以此达到净化自己的目的。与此相反的是，此画也可解读为对学者的嘲讽，揶揄他为了学术研究而不解风情的僵化态度。无论是何种解读，在此画的场景中，都是书籍更讨他的欢心。

上帝面前的通奸女人
帕多瓦尼诺
1620年,布面油画,234 厘米 × 138 厘米(92 1/8 英寸 × 54 3/8 英寸)
艺术史博物馆,维也纳

一位年轻的女子低垂着脸,站在耶稣面前,而耶稣此时正与一位打算诋毁其声誉的导师就一本大书中的内容进行辩论。宗教首领们带着这位通奸被抓的女子来到耶稣面前,指着《摩西律法》,要求将女子用石头砸死,从而坐实耶稣作为"罪犯之友"的名声。倘若耶稣赦免女子,无异于在宣扬违法行为。耶稣的回应实则是在挑战首领们自身是否存在犯罪行为,他说道:"你们中间没有罪念的人,先拿石头来砸她。"首领们偷偷溜走了,耶稣同情这位女子,并原谅了她。这幅画意在讽刺在《约翰福音》神学中,上帝的话语便是《圣经》的化身,而这一点通过帕多瓦尼诺(1588—1649年)所描绘的大尺寸《圣经》给予了强调。画面中的书是有意凸显它的不合时宜,因为这本书直到耶稣传道几百年后才开始使用。因此,这则故事所传达的信息还具有当代性,意在引导观者在谴责他人的行为之前先审视自己的内心。

图书管理员

出自《一百盏灯：供可敬之人消遣的朴素素描》

费利西安·罗普斯

1878年，水彩画，22 厘米 × 14.5 厘米（8⅝ 英寸 × 5¾ 英寸）

私人收藏

一位裸体女子背对着观者，蜷缩在床上，正沉浸于一本色情小说中。一个面目狰狞的"图书管理员"盘旋在女子的头顶上方，手里拿着各种不道德的书籍，窗帘遮挡了他的一部分身体。在这件水彩画中，罗普斯（1833—1898年）运用了一个流行于18世纪和19世纪的观念，即小说或对女性的道德产生危险的影响。为了愉悦而不是为了受教育而阅读会被人嗤之以鼻，且会带来"道德恐慌"，尤其会腐蚀女性读者。19世纪60年代，随着木浆的引入，廉价、大批量生产的小说读物越来越容易获得，图书的生产开始不断扩大，这种恐慌随之加剧。罗普斯以其政治和社会讽刺作品而为人所知。这件作品是巴黎藏书家和收藏家朱尔·诺伊以"可敬之人"为对象而委托定制的114幅素描画系列之一。对于罗普斯那些"可敬之人"的观者而言，这个女子在偷看色情文学，这一点是显而易见的。然而，这件作品意不在警示，相反，它试图揭露一些人的虚伪面目，这些人表面上对此类行为嗤之以鼻，而自己又沉迷于相同的鬼祟之事。

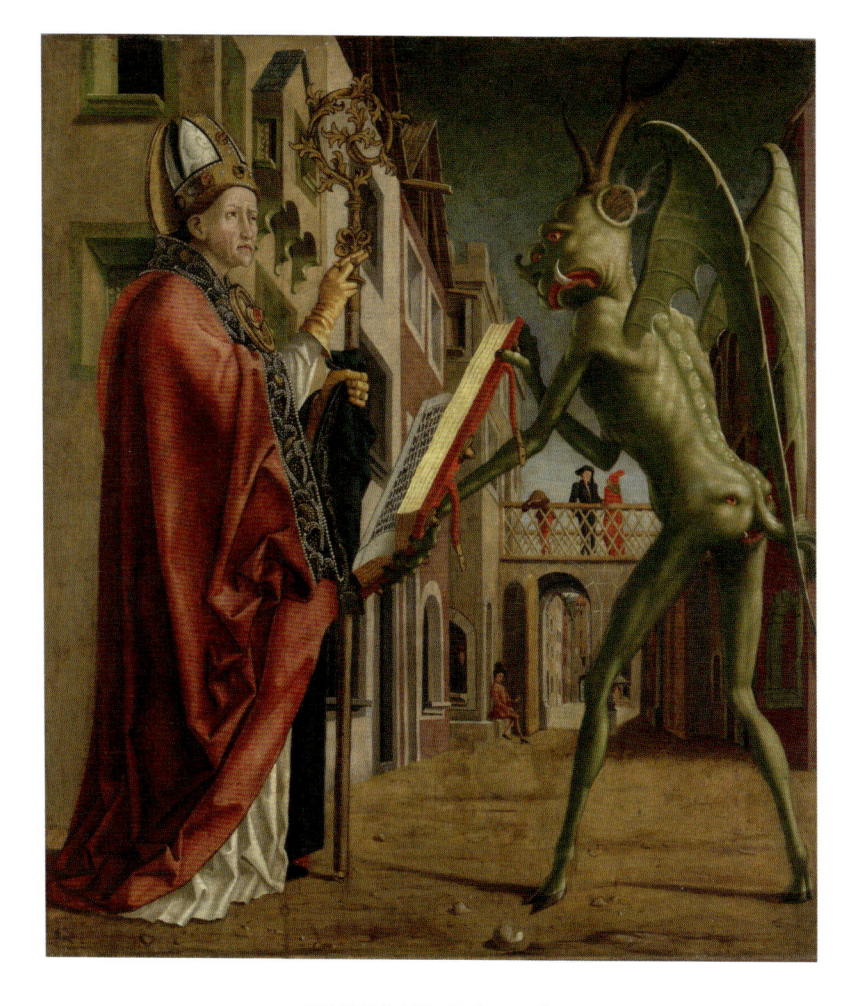

魔鬼给圣奥古斯丁看《恶之书》

出自《神父祭坛画》

迈克尔·帕赫

约1480年，松木油画，103厘米×91厘米（$40\frac{1}{2}$ 英寸 × $35\frac{7}{8}$ 英寸）
老绘画陈列馆，慕尼黑

一个有着分趾蹄子、皮革质感的网状翅膀的绿怪兽，正打开一本大尺寸皮革装订的书本。这个长角的怪兽不是别人，正是魔鬼。它面前这位身着主教法衣，罩着华丽红袍，头戴法冠，手执权杖的人正是圣奥古斯丁。这件作品是帕赫（约1435—1498年）为布里克森的纽斯蒂夫修道院（今在意大利，即布雷萨诺内的诺瓦西亚）所作的奥古斯丁祭坛画。这幅画描绘了一个虚构的故事：圣人发现魔鬼肩上扛着一本书从他身边经过，便问他书中的内容。在得知书中记载的是人们的罪孽时，圣人想要知道他自己的罪孽。于是魔鬼就把载有他罪过的那页内容出示给他看，上面记录了他没有背诵修士节的最后一篇祈祷文《晚祷》。圣奥古斯丁立即前往最近的一座教堂背诵了《晚祷》。背完后，他回到魔鬼那里，并要求再次查看内容。魔鬼翻到那一页，发现已是空白，这时才意识到被圣人捉弄了，便愤怒地消失了。帕赫的画作是在提醒信徒，通过基督的救赎，他们的罪孽可以抹去，不再受到伤害。

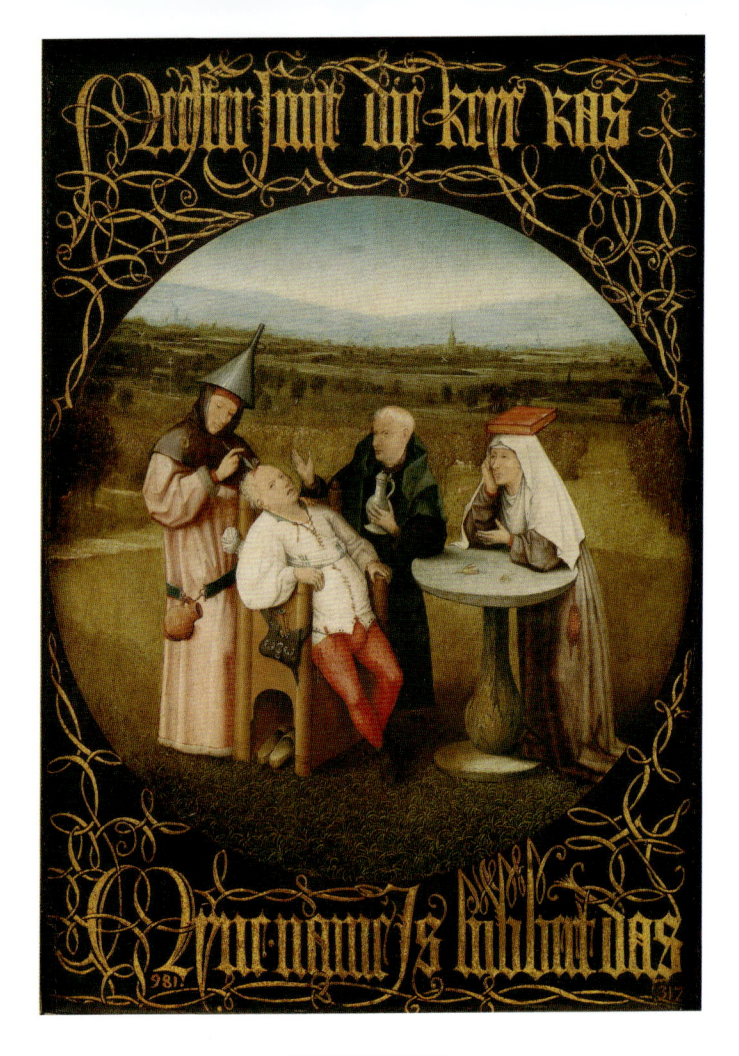

提取疯癫之石的疗法

希罗尼穆斯·博斯

1501—1505年，橡木面板油画，48.5 厘米 × 34.5 厘米（$19\frac{1}{8}$ 英寸 × $13\frac{5}{8}$ 英寸）

普拉多国家博物馆，马德里

  一位修女头顶一本书，面无表情地看着一位年长农民在露天场地接受手术。这位所谓的外科医生手持手术刀，戴着一顶古怪的倒扣的漏斗，企图去除致使病人疯癫的祸根，颇为奇怪的是，疾病并非石头所致，而是郁金香。这个出自寓言故事的手术在16世纪是一个家喻户晓的主题，意在表明庸医的治疗令患者每况愈下。在这件作品的四周有一行装饰性题词，上面写着："主人，摘除石头，我叫吕贝特·达斯。"在荷兰文学中，"吕贝特"往往是愚蠢之人的代名词。荷兰语的"郁金香"内含"愚蠢"之意，因此，博斯笔下这幅神秘的画作似乎在讽刺人类的愚蠢。另外，画中的女性可视为"书呆子"，尽管她看重书籍的价值，但对书中的内容一无所知。将这一人物入画，意在表明当时藏书潮流的一种趋势，即书籍首先被视为一种实物。博斯借画暗指，这位修女要是能从头顶上的书本汲取智慧的话，那么这位农民也能被庸医治愈了。

皇冠
文武
2016年，布面油画
30.5 厘米×25.5 厘米（12 英寸×10 英寸）
私人收藏

书呆子

出自塞巴斯蒂安·布兰特《愚人船》

阿尔布雷特·丢勒

1494年，木刻，约11厘米×8厘米（4$\frac{3}{8}$英寸×3$\frac{1}{8}$英寸）

  一个身穿小丑服、头戴睡帽的男人坐在一个四周摆满厚重书籍的讲坛前。他戴着一副厚眼镜，但更关心用鸡毛掸子赶走苍蝇，而不是眼前的书籍。这件作品是丢勒（1471—1528年）年轻时所作，描绘了书呆子的面貌，他们尽管藏书无数，却从来不曾真正读过一本。这幅木刻版画收录在塞巴斯蒂安·布兰特于1494年出版的讽刺故事集《愚人船》，此书是15世纪德国文学史上重要的作品。这本书向读者介绍了109个海上旅行的愚人，每人都有不同的缺点。布兰特写此讽刺故事的意图在于培养读者的智慧和理性。这本书非常受欢迎，有很多版本，且被翻译成多种语言。书中第一个登上愚人船的荒谬学者形象在欧洲家喻户晓。在古腾堡发明印刷术后不久，这本故事集便成为讽刺题材的一个主题，这也反映了在布兰特生活的那个时代，图书市场的快速增长以及图书文化渗透到欧洲大陆的程度。

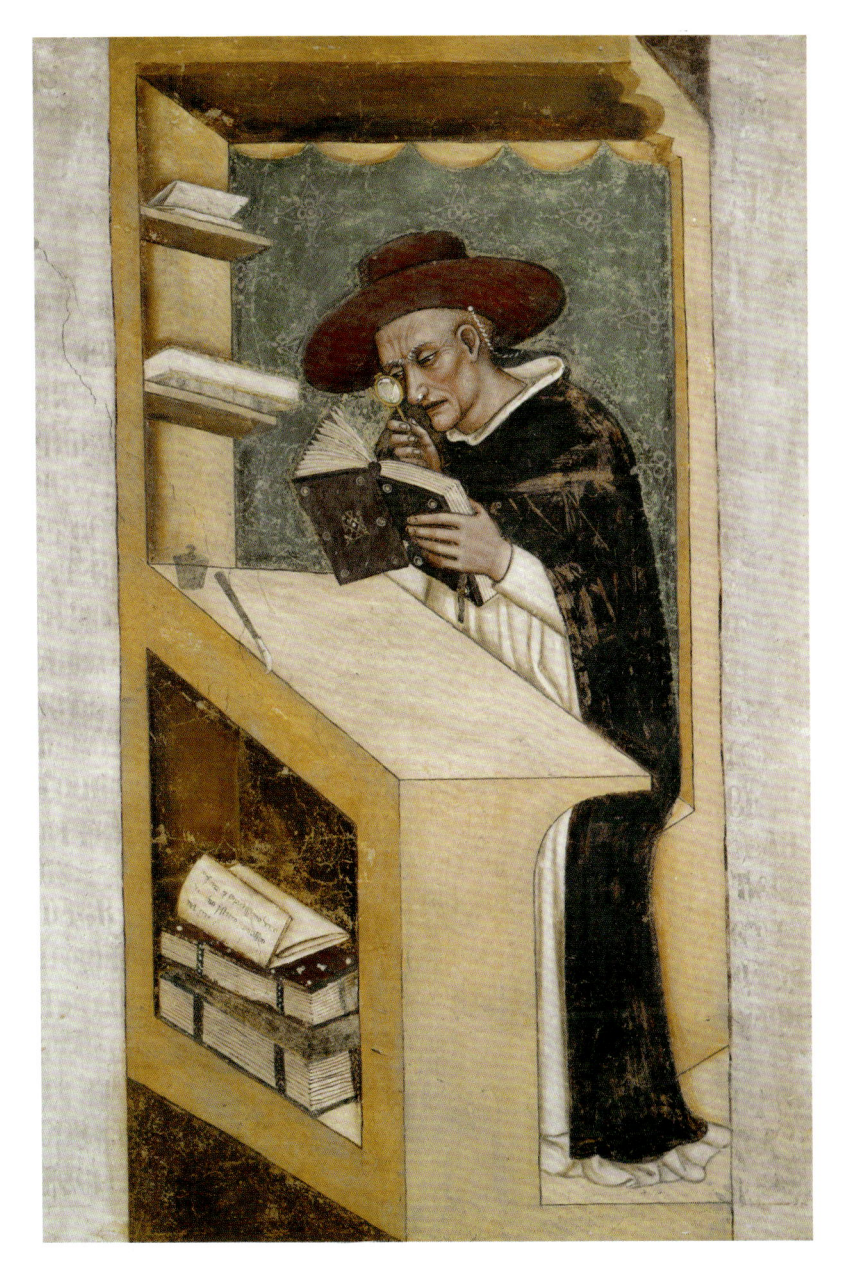

红衣主教尼古拉斯·德·福瑞威尔

出自"四十个道明会会士"系列

托马索·达·摩德纳

1352年,壁画,约100厘米×65厘米($33\frac{3}{8}$ 英寸×$25\frac{1}{2}$ 英寸)

圣尼科洛修道院,特雷维索

货币兑换商
（富人的寓言）

伦勃朗·范·莱恩

1627年，面板油画，31.9厘米×42.5厘米（12½英寸×16¾英寸）
柏林画廊，柏林国家博物馆，柏林

一位身着华服的老人坐在一堆书籍和文件中间，借着烛光在仔细检查一枚金币。他身边的文件是装订好的分类账，包括账目和记录。自16世纪开始，这些物品便出现在涉及货币兑换商和收税员主题的画作中。与硬皮精装书不同的是，这些皮革或者羊皮包覆的书卷，结构松散，易于变形。类似的物品也出现在扬·利文斯的作品《静物书籍》（第218页）中。这件作品中装订质量糟糕的书籍和混乱的房间状态表明画中男人真正在意的只有一件东西：金钱。伦勃朗（1606—1669年）对桌子上的硬币进行高光处理，房间的其余部分逐渐退居于暗处，由此明确这一主题。这种处理方式与伦勃朗的其他作品形成了鲜明对比，比如在他的耶稣诞生作品中，亮部意在凸显圣婴的神圣存在。有观点认为这件作品意在体现耶稣以货币交换商来类比愚蠢的富人。《路加福音》（第12章）警告人们不要囤积财富和物质财产，因为这些东西生不带来，死不带去。艺术家描绘的分类账目象征着道德的堕落。画面中松散的书本则是在映照货币交换商的灵魂，他是金钱的奴仆，而不是上帝的仆人。

货币交换商和他的妻子
昆汀·梅蒂斯
1514年,面板油画
70.5 厘米 × 67 厘米(27 3/4 英寸 × 26 3/8 英寸)
卢浮宫,巴黎

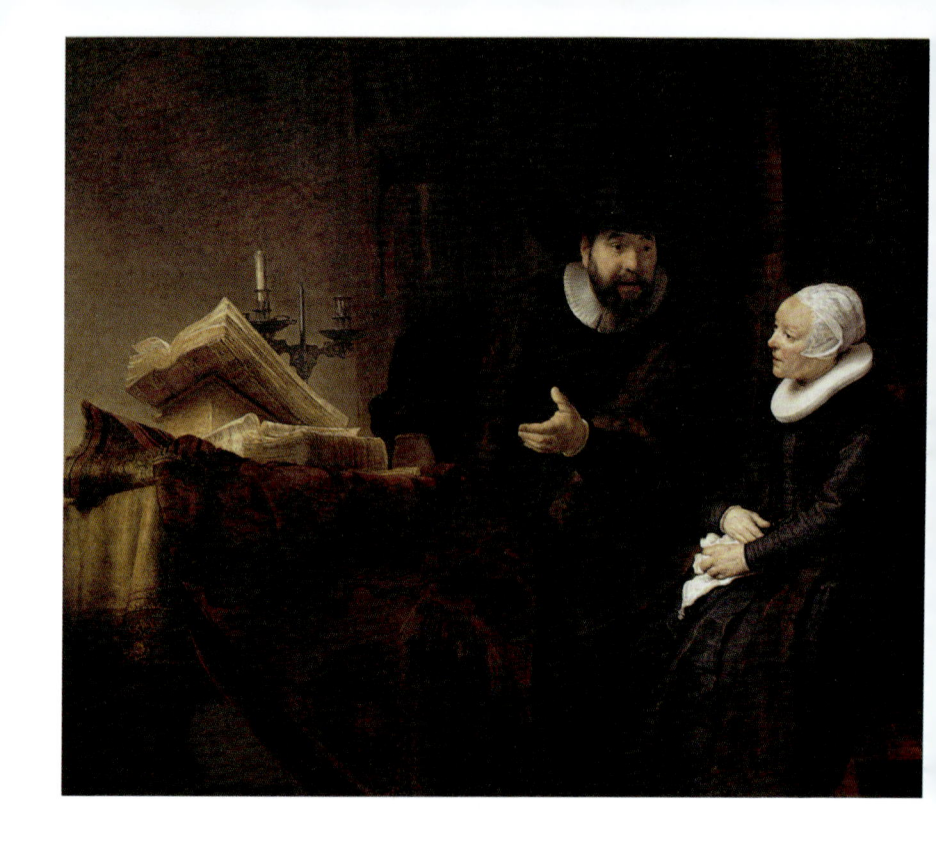

**门诺派传教士科内利斯·克拉斯·安斯洛和他的妻子
艾尔特杰·格里茨·斯考滕的双人像**

伦勃朗·范·莱恩

1641年,布面油画,176厘米×210厘米(69¼英寸×82⅝英寸)
柏林画廊,柏林国家博物馆,柏林

赞西佩往苏格拉底的衣领里倒水

卢卡·佐丹奴

17世纪60年代,布面油画,132 厘米×105 厘米(52 英寸×41$^{3/8}$ 英寸)
茱莉那里·普拉代利收藏馆,马拉诺·迪·卡斯泰纳索,意大利

苏格拉底坐在堆满书籍的书桌旁奋笔疾书,完全沉浸于自己的研究中。他没有注意到他的妻子赞西佩端着一碗水,正悄悄地从他身后逼近。只见她手指贴近嘴唇,准备将一碗水倒进哲学家苏格拉底的衣领里,她的这一行为兴许是出于报复。赞西佩的悍妇名声源自色诺芬《会饮篇》中的一个章节。《会饮篇》是一本苏格拉底式的对话,可追溯至公元前4世纪60年代,其中将赞西佩描绘成一个难以相处的伴侣。在一次晚宴上,以渊博学识自傲的苏格拉底被人问及为何不教育自己的妻子时,他称自己像一位骑术高超的骑手那样与妻子相处:倘若他能驯服世上最暴烈的马,那么便能轻而易举地驾驭世上任何一匹马。这对争吵不休的夫妻向来是艺术家和作家笔下津津乐道的题材。佐丹奴(1634—1705年)笔下这一场景或许出自圣哲罗姆反对约维尼亚努斯的论述,其中提及赞西佩将便壶倒在了她丈夫的头上。在这则故事中,苏格拉底回应道,妻子的行为都是意料之内的事情。这幅画也许是在提醒人们不要吹嘘自己的智力。

阅读禁书

卡雷尔·奥姆斯

1876年，布面油画，136厘米×108厘米（$53\frac{1}{2}$英寸×$42\frac{1}{2}$英寸）
比利时皇家美术博物馆，布鲁塞尔

　　一个男人和一个年轻女子惊恐地抬起头，紧盯着画面以外的某个方向。也许是敲门声打断了这位父亲，他从椅子上转过头，而他的女儿慌忙地合上正在阅读的书本。这幅画是以16世纪或17世纪为背景，当时低地国家的新教徒会因阅读白话文版《圣经》而遭到迫害，因为这一行为是罗马天主教教会严令禁止的，他们要保护自己在教义事务上的权威性。这对父女偷偷阅读《圣经》就是违法行为，倘若被抓到，将面临死刑。比利时肖像画家奥姆斯（1845—1900年）在创作这幅画时，新教徒仍是少数群体，他把当下的境况比之于历史上的反宗教改革所面临的迫害。结果奥姆斯的画作起到了巨大的鼓舞作用，其他艺术家制作了很多仿品，并在改革派教堂里展出。这幅画还以版画的形式广为传播，并出现在全国很多家庭中。

正在阅读的老妇人

伦勃朗·范·莱恩

1655年,布面油画
83 厘米×69.5 厘米（$32^{5/8}$ 英寸×$27^{3/8}$ 英寸）
巴克卢收藏馆，德鲁姆兰里格城堡，苏格兰

"先读经典,否则你以后兴许再无机会阅读。"

——亨利·大卫·梭罗(1817—1862年)

正在阅读的老妇人
杰拉德·道
约1631—1632年，面板油画
71.2 厘米 × 55.2 厘米（28 英寸 × 21¾ 英寸）
荷兰国家博物馆，阿姆斯特丹

一些有趣的书籍
克劳德(克洛丁)·拉格特·赫斯特
1877年,布面油画
25.5厘米×36厘米(10英寸×14⅓英寸)
私人收藏

2070
约翰·柯林
2005年，亚麻布面油画
91.4 厘米×71.1 厘米（36 英寸×28 英寸）
私人收藏

盲童

奥古斯特·桑德

1921—1930年,纸面明胶银印刷

**"时光里最宝贵的东西，
　心灵中最坚强的朋友——书籍。"**

——艾米丽·狄金森（1830—1886年）

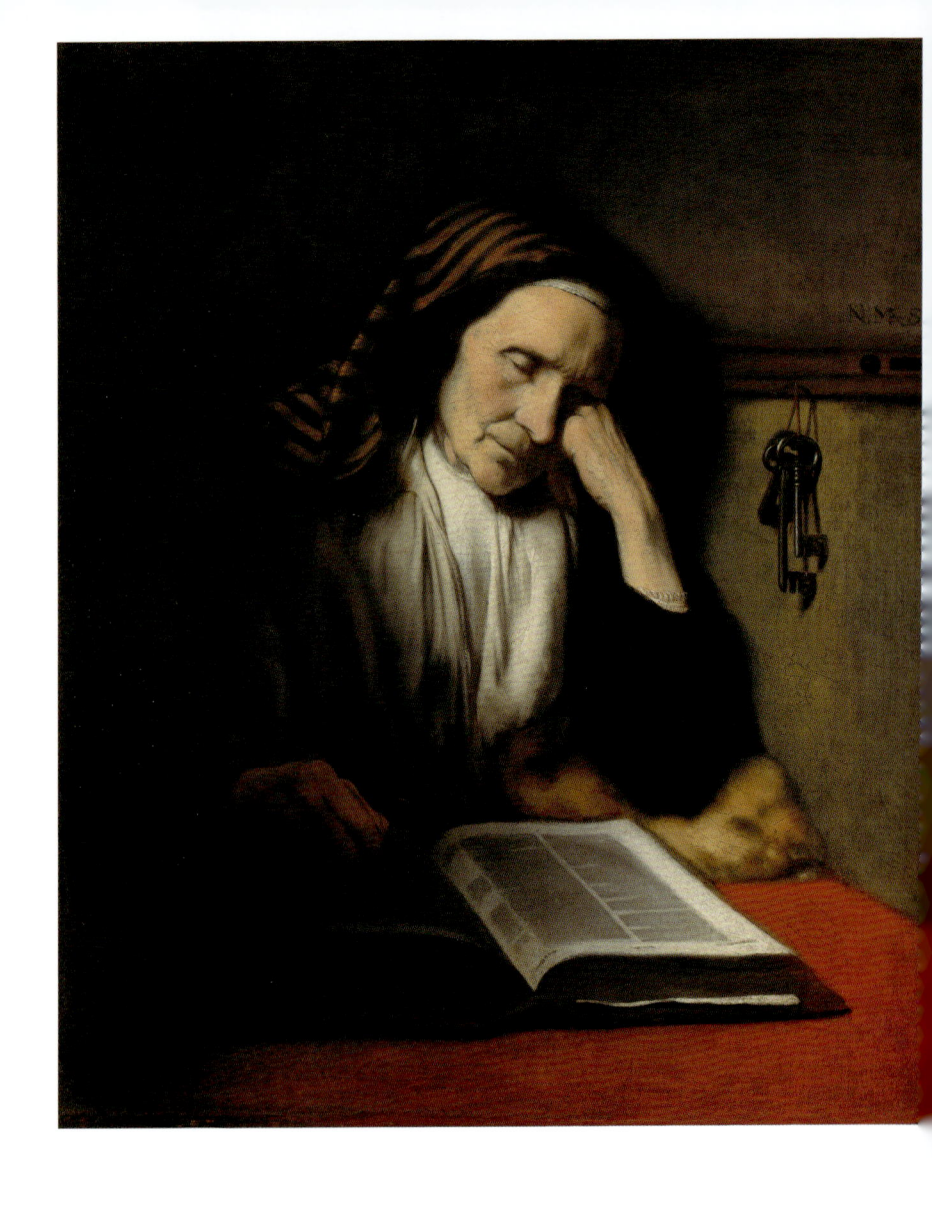

边看书边打瞌睡的老妇人

尼古拉斯·马斯

约1655年，布面油画，82.2 厘米×67 厘米（32⅜ 英寸×26⅜ 英寸）
美国国家美术馆，华盛顿特区

一堂无聊的课

菲利普·乔立安

1905年，布面油画，67 厘米 × 56 厘米（$26^{3/8}$ 英寸 × 22 英寸）

乌尔苏林博物馆，马孔

小懒虫

让·巴蒂斯特·格勒兹

1755年,布面油画,65 厘米×54.5 厘米($25^{5/8}$ 英寸×$21^{1/2}$ 英寸)

法布尔博物馆,蒙彼利埃

梦的世界

劳拉·特蕾莎·阿尔玛-塔德玛

1876年,布面油画,46厘米×31厘米(18⅛英寸×12¼英寸)

私人收藏

阅读者
让-雅克·埃内尔
1880—1890年，布面油画
94 厘米 × 123 厘米（37 英寸 × 48$^{3/8}$ 英寸）
奥赛博物馆，巴黎

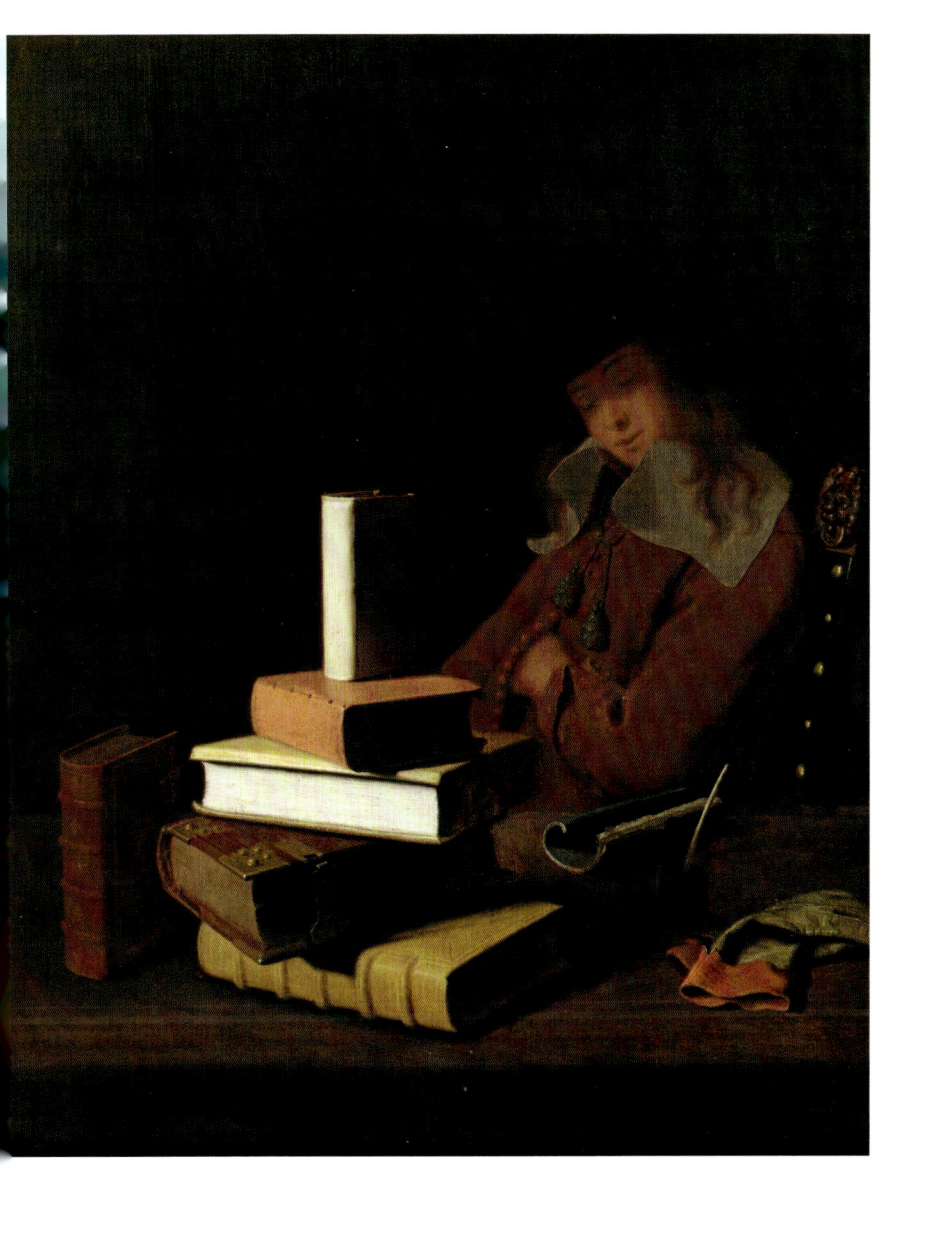

打瞌睡的学生

康斯坦丁·维尔劳特

1663年，木板油画

38厘米×31厘米（15英寸×12¼英寸）

瑞典国家博物馆，斯德哥尔摩

姐妹
威廉·巴斯蒂安·托伦
1893年，布面油画
36.5 厘米 × 57 厘米（114$\frac{3}{8}$ 英寸 × 22$\frac{1}{2}$ 英寸）
古达博物馆，古达

留堂

厄斯金·尼科尔

约1871年,布面油画
61 厘米×79.5 厘米(24 英寸×31¼ 英寸)
私人收藏

女教师

阿涅洛·法尔科内

1620—1630年，布面油画，100 厘米×75 厘米（$39^{3/8}$ 英寸×$29^{1/2}$ 英寸）

迪卡波迪蒙特博物馆，那不勒斯

圣卡西安

阿米可·阿斯佩蒂尼

16世纪早期,面板,34厘米×38厘米(13$^{3/8}$英寸×15英寸)
布雷拉美术馆,米兰

阅读课
亨丽特·布朗
19世纪中期，布面油画
27.5 厘米×22 厘米（10$\frac{7}{8}$ 英寸×8$\frac{5}{8}$ 英寸）
私人收藏

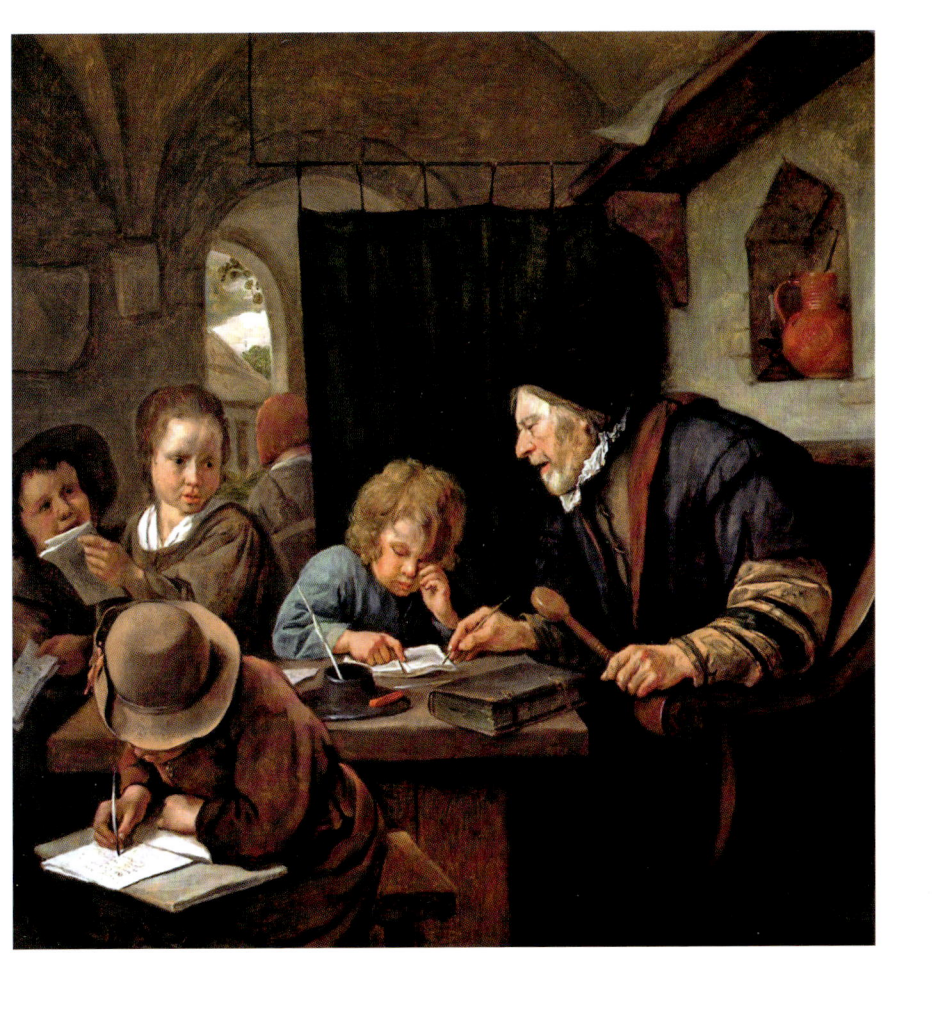

教师

扬·斯滕

约1668年,布面油画
尺寸不详
私人收藏

阅读

费尔南·莱热

1924年，布面油画
113.5 厘米 × 146 厘米（$44^{5/8}$ 英寸 × $57^{1/2}$ 英寸）
法国国家现代艺术博物馆、乔治·蓬皮杜国家艺术文化中心，巴黎

小学生

费利切·卡索拉蒂

1928年,面板油画
169 厘米×151 厘米(66½ 英寸×59½ 英寸)
现代艺术博物馆,巴勒莫

听课的学生

出自乔瓦尼·达·莱尼亚诺墓

雅各贝罗和皮耶尔保罗·达勒·马赛格尼

1383—1386年(局部),大理石,63.3厘米×76.5厘米(24 7/8 英寸×30 1/8 英寸)

圣多梅尼科教堂,博洛尼亚

坐在室内桌子旁的年轻人
扬·达维茨·德·海姆

1628年,面板油画,60 厘米×82 厘米(23⅝ 英寸×32¼ 英寸)
阿什莫林博物馆,牛津

静物书籍

扬·达维茨·德·海姆

1628年,面板油画,31.2 厘米×40.2 厘米（12$\frac{1}{4}$ 英寸×15$\frac{7}{8}$ 英寸）

卡斯托迪亚基金会/弗里茨·鲁格特收藏馆,巴黎

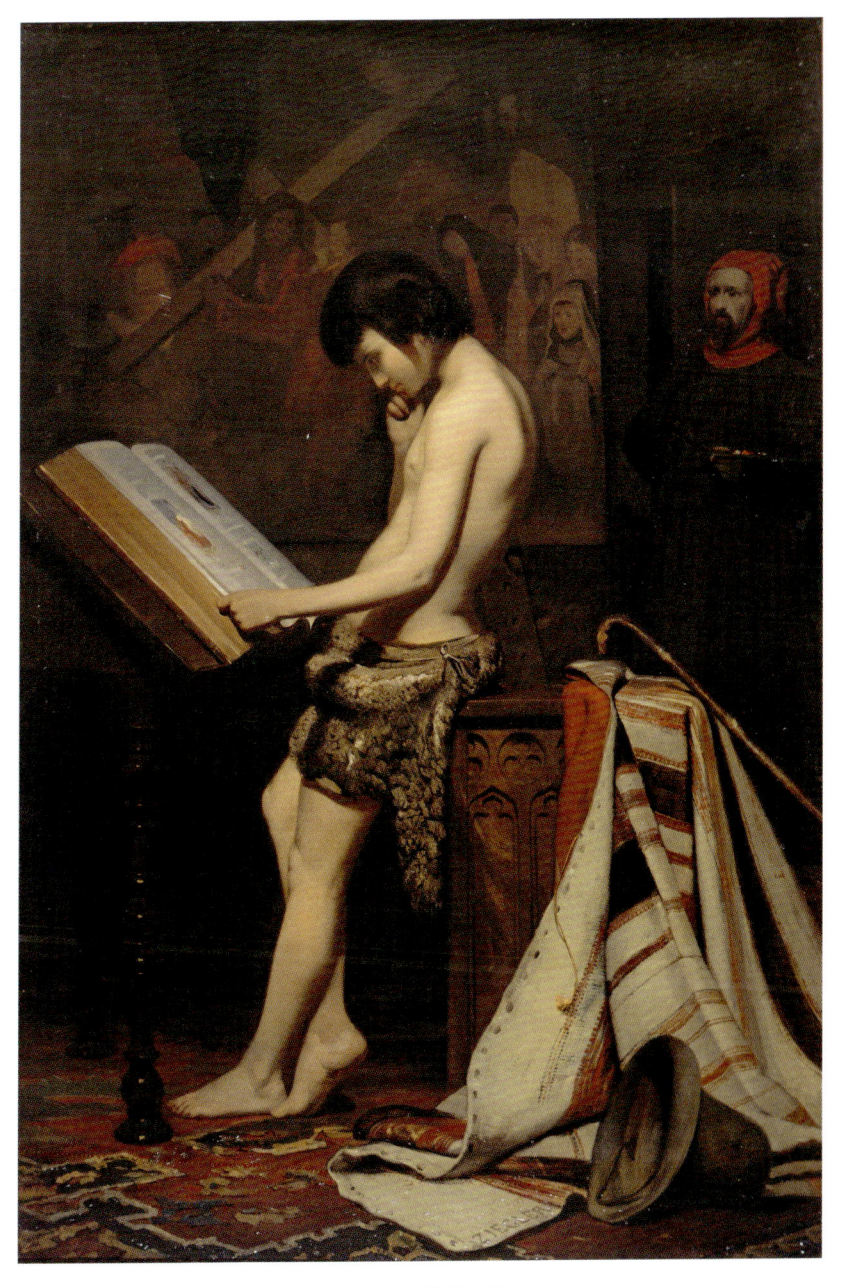

乔托在契马布埃的画室里

朱尔斯-克劳德·齐格勒

约1847年,布面油画,160 厘米 × 130 厘米(63 英寸 × 51 1/8 英寸)
波尔多美术馆,法国

唱诗班,取自佛罗伦萨大教堂坎托雷亚画廊

卢卡·德拉·罗比亚

1431—1438年,大理石

主教座堂博物馆,佛罗伦萨

三个年轻女子与一个小丑一起演奏音乐
女子半身像大师
16世纪,橡木面板油画,63.7 厘米×89.5 厘米(25 英寸×35¼ 英寸)
私人收藏

音乐课

查尔斯·韦斯特·科普

1876年，布面油画，74厘米×64厘米（29⅛英寸×25¼英寸）

私人收藏

圣马修
弗朗斯·哈尔斯
约1625年，布面油画，70厘米×50厘米（27$\frac{1}{2}$ 英寸×19$\frac{5}{8}$ 英寸）
敖德萨东西方艺术博物馆，乌克兰

圣母与圣子（读书圣母玛利亚）

桑德罗·波提切利

1480—1481年，面板蛋彩画，58厘米×39.6厘米（22⅞英寸×15⅝英寸）

波尔迪·佩佐利博物馆，米兰

母子

彼得·弗朗兹·德·格雷伯

1622年，面板油画，98.5厘米×73.4厘米（38³⁄₄ 英寸×28⁷⁄₈ 英寸）

弗兰斯·哈尔斯博物馆，哈勒姆

圣母与圣子
(杜兰圣母)

罗吉尔·凡·德尔·韦登

1435—1438年,面板油画,100 厘米×52 厘米($39\frac{3}{8}$ 英寸×$20\frac{1}{2}$ 英寸)
普拉多国家博物馆,马德里

圣母子及威尼斯风景
（塔拉尔圣母）

乔尔乔内

1489—1511年之间，面板油画，76.7 厘米 × 60.2 厘米（$30\frac{1}{4}$ 英寸 × $23\frac{5}{8}$ 英寸）

阿什莫林博物馆，牛津

沃克雷圣母

艺术家不详（法国画派）

12世纪，镶嵌水晶岩的彩色木材，高：73厘米（28¾英寸）
莫隆皮兹天主教教堂

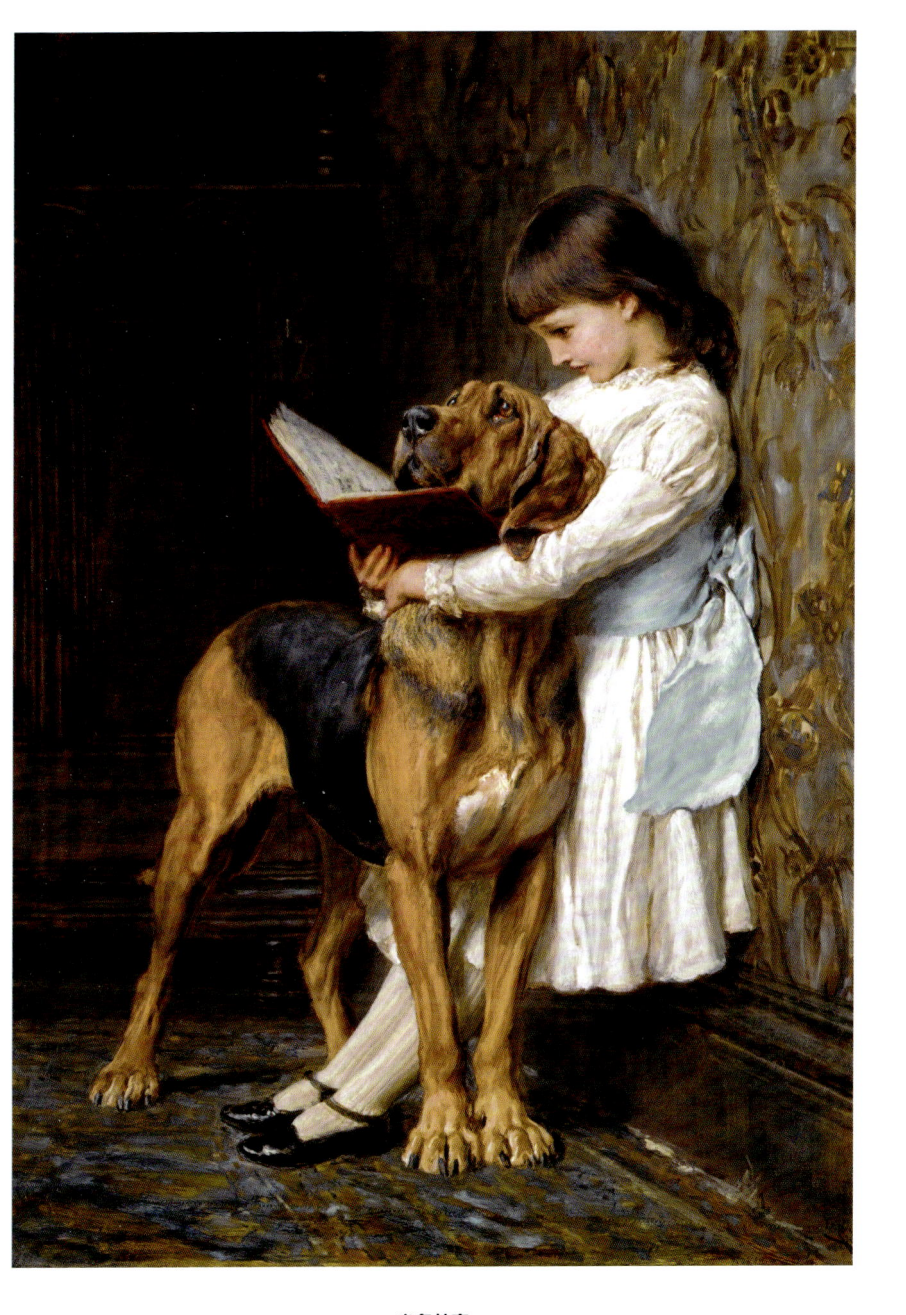

义务教育
布里顿·里维尔
1887年，布面油画，79 厘米×53 厘米（23½ 英寸×20¾ 英寸）
私人收藏

护士读书给小女孩听
玛丽·卡萨特

1895年,细纹纸粉彩画,画布装裱
60 厘米×73 厘米（23 5/8 英寸×28 3/4 英寸）
大都会艺术博物馆,纽约

乔治·赫伯特和他的母亲

查尔斯·韦斯特·科普

1872年,布面油画
74厘米×61厘米(29$\frac{1}{8}$英寸×24英寸)
奥尔德姆画廊,英国

一位阿拉伯校长

路德维希·多伊奇

1889年，面板油画
54.4 厘米 × 47.4 厘米（27 3/8 英寸 × 18 5/8 英寸）
触石，罗奇代尔

爱丽丝梦游仙境

乔治·邓洛普·莱斯利

约1879年，布面油画

81.4厘米×111.8厘米（32英寸×44英寸）

布莱顿和霍夫博物馆兼艺术画廊，布莱顿和霍夫

阅读的女子

彼得·扬森斯（人称埃林加）

约1665—1670年，布面油画
75.5 厘米 × 63.5 厘米（29¾ 英寸 × 25 英寸）
老绘画陈列馆，慕尼黑

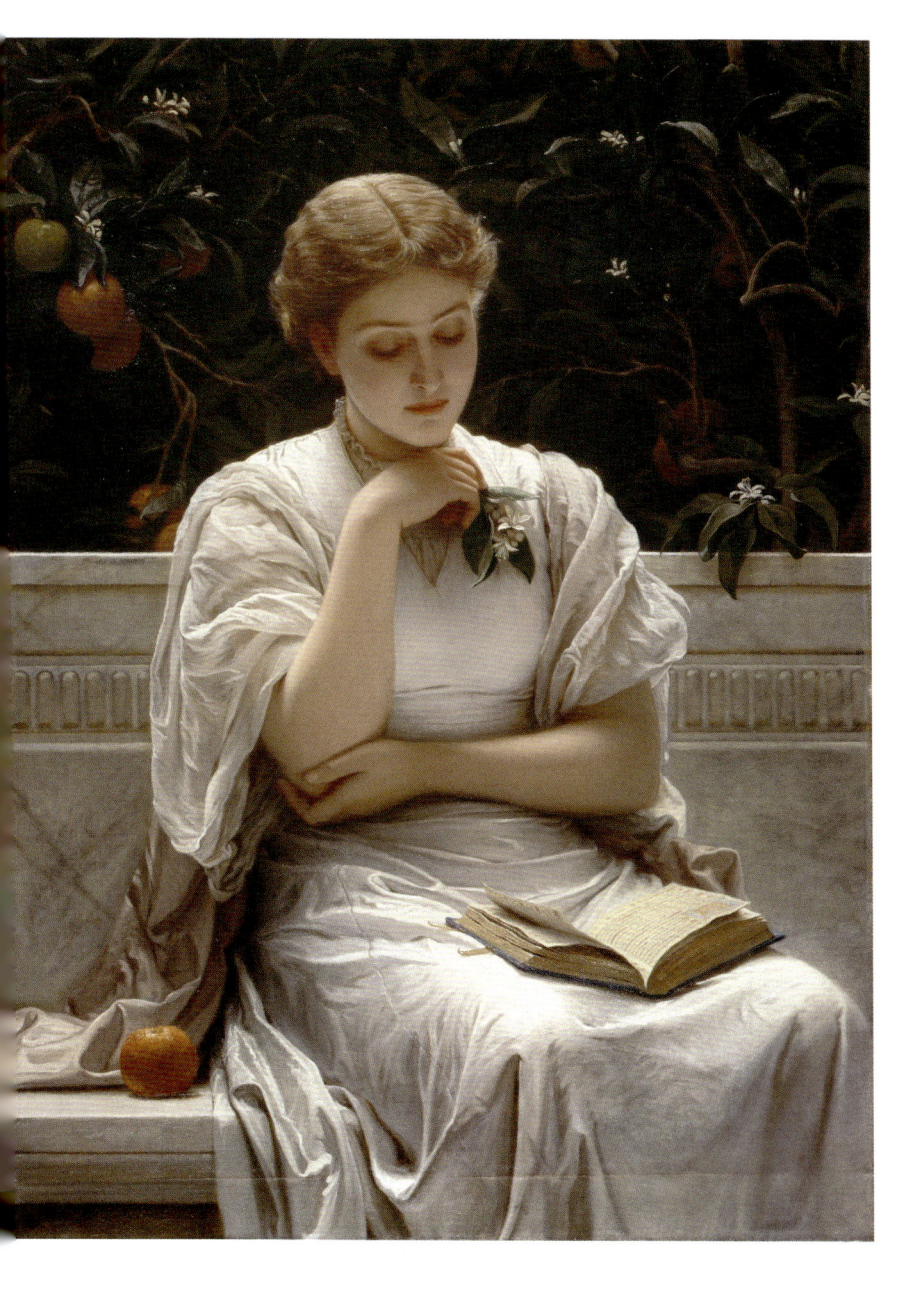

阅读的女子

查尔斯·爱德华·佩鲁吉尼

1878年，布面油画

128.9 厘米 × 103.7 厘米（50¾ 英寸 × 40¾ 英寸）

曼彻斯特美术馆，英国

阅读者
哈罗德·奈特
1910年，布面油画
45 厘米 × 45 厘米（17¾ 英寸 × 17¾ 英寸）
布莱顿和霍夫博物馆兼美术馆，布莱顿和霍夫

正在阅读的抹大拉

罗吉尔·凡·德尔·韦登

1438年前,桃花心木板油画
62.2 厘米×54.4 厘米(24$\frac{1}{2}$ 英寸×21$\frac{3}{8}$ 英寸)
英国国家美术馆,伦敦

圣母领报,《祈祷书》手稿页

让·布尔迪雄

约1485—1490年,羊皮纸上蛋彩和贝壳金
9.6 厘米×6 厘米（3¾ 英寸×2⅜ 英寸）
大都会艺术博物馆,纽约

阅读者

费德里科·法鲁菲尼

约1865年，布面油画

59 厘米 × 40.5 厘米（23$\frac{1}{4}$ 英寸 × 16 英寸）

现代美术馆，米兰

阅读的圣母

维托雷·卡尔帕乔

约1505年，面板油画转移到布面上
78 厘米 × 51 厘米（30¾ 英寸 × 20⅛ 英寸）
美国国家美术馆，华盛顿特区

293车厢C室
爱德华·霍珀
1938年，布面油画
50.8厘米×45.7厘米（20英寸×18英寸）
私人收藏

农舍内景

约翰妮·玛蒂尔德·迪特里克松

1875年,布面油画,尺寸不详

私人收藏

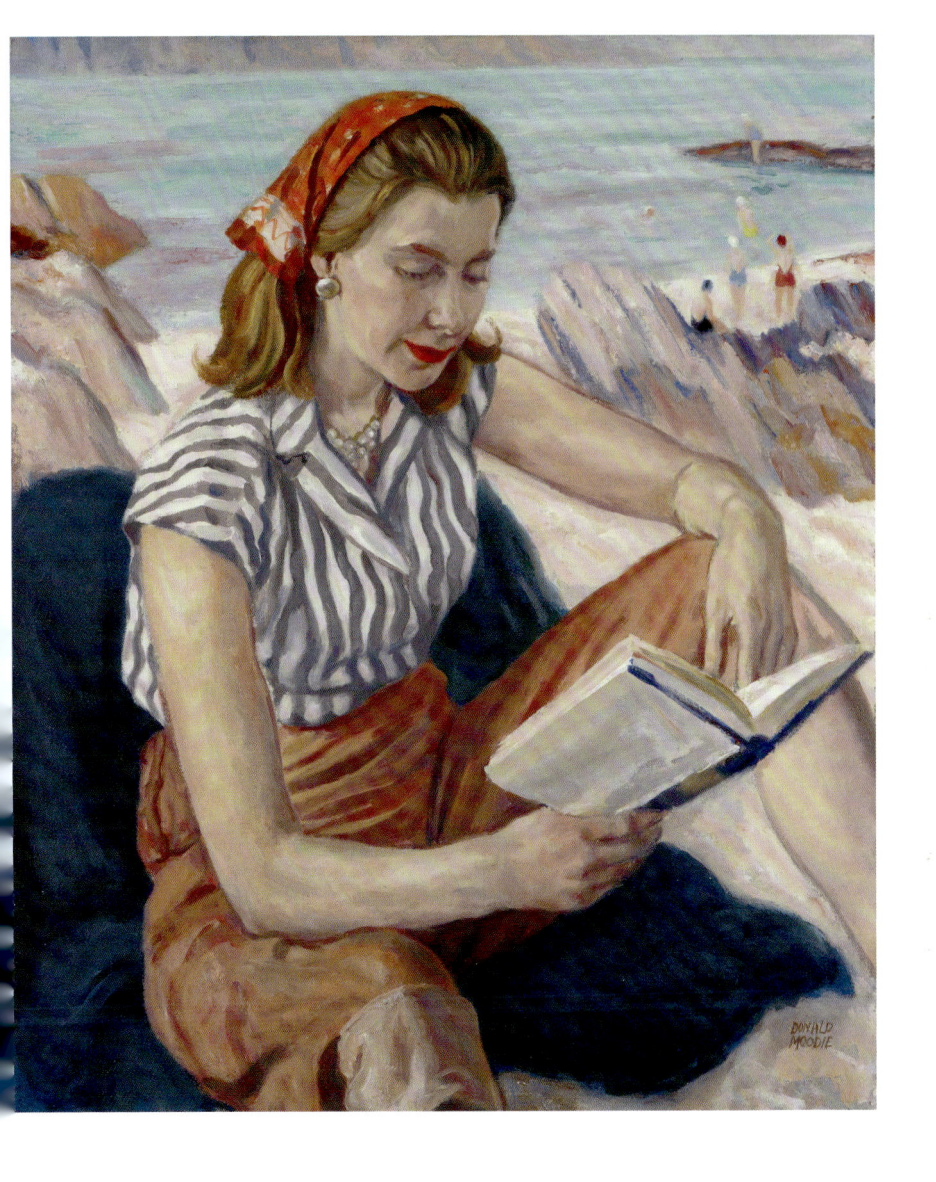

夏天
唐纳德·蒙迪
约1958年，布面油画，76.4 厘米×64.2 厘米（30 英寸×25¼ 英寸）
苏格兰皇家艺术与建筑学院，爱丁堡

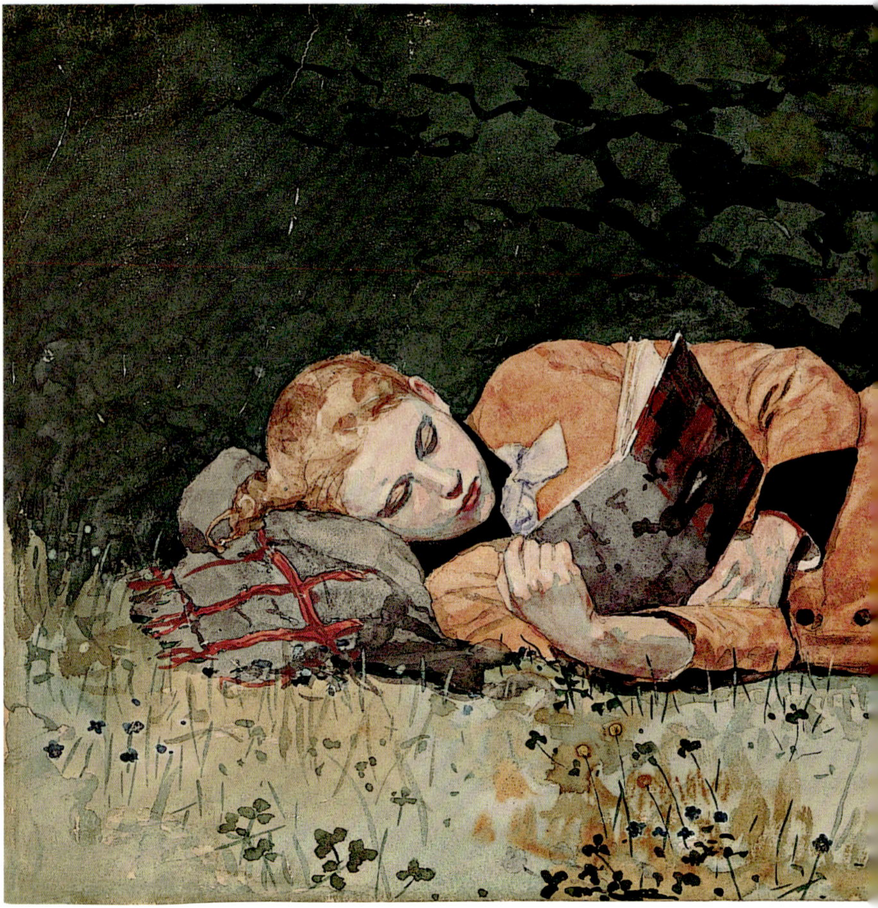

新小说

温斯洛·霍默

1877年,纸面水彩

24.1 厘米×52.1 厘米(9½ 英寸×20½ 英寸)

斯普林菲尔德艺术博物馆,马萨诸塞

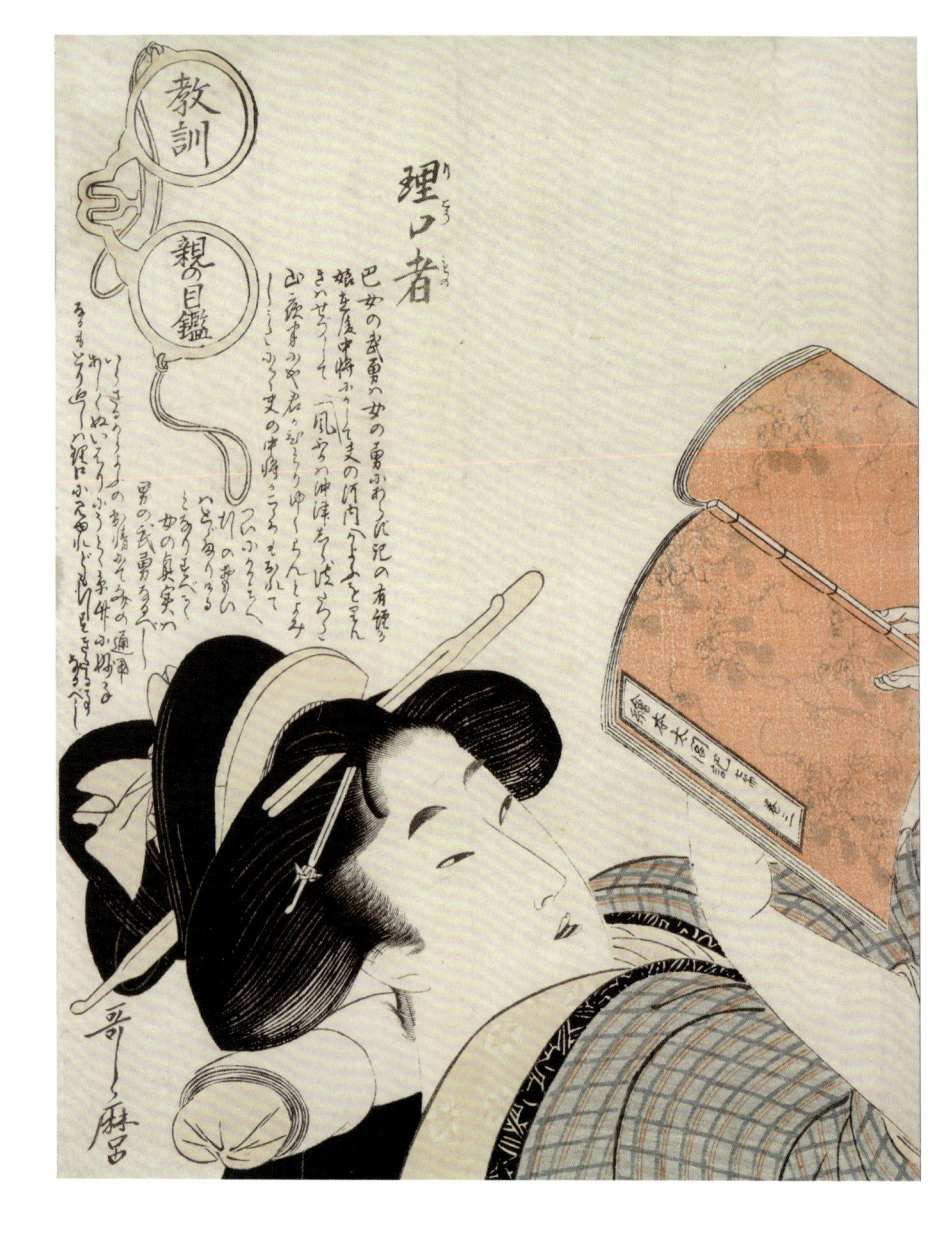

无所不知之人

喜多川歌麿

约1802—1803年，纸面木刻版画
37 厘米 × 25 厘米（14$\frac{1}{2}$ 英寸 × 9$\frac{7}{8}$ 英寸）
毕尔巴鄂美术馆，西班牙

倚靠在书本上的年轻女子

安妮·瓦莱耶-科斯特

1784年,布面油画
尺寸不详
私人收藏

学生
格温·约翰
1903年，布面油画，56.1 厘米×33.1 厘米（22$\frac{1}{8}$ 英寸×13 英寸）
曼彻斯特美术馆，曼彻斯特

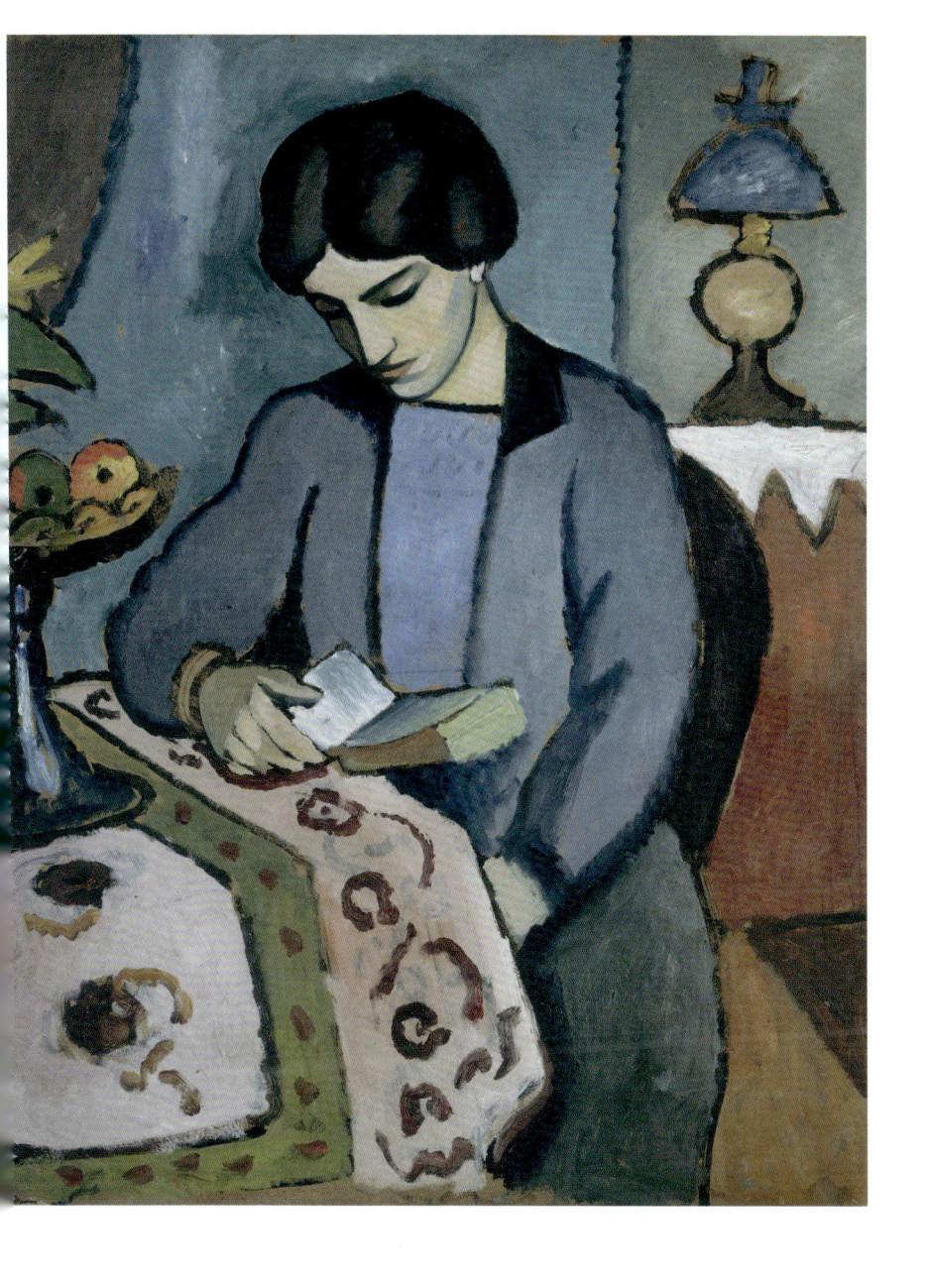

艺术家的妻子(伊丽莎白·马克)
奥古斯特·马克
1912年,纸面油画,105 厘米×51 厘米(41 $^{3/8}$ 英寸×20 英寸)
老国家美术馆,柏林

"在漫长的一天结束后,
想着有一本好书正等着你,
便觉得这一天快乐了一些。"

——凯瑟琳·诺里斯(生于1947年)

阅读者

卡尔·冯·施托伊本

1829年，布面油画
61.3 厘米×50.8 厘米（24 1/8 英寸×20 英寸）
南特艺术博物馆，南特

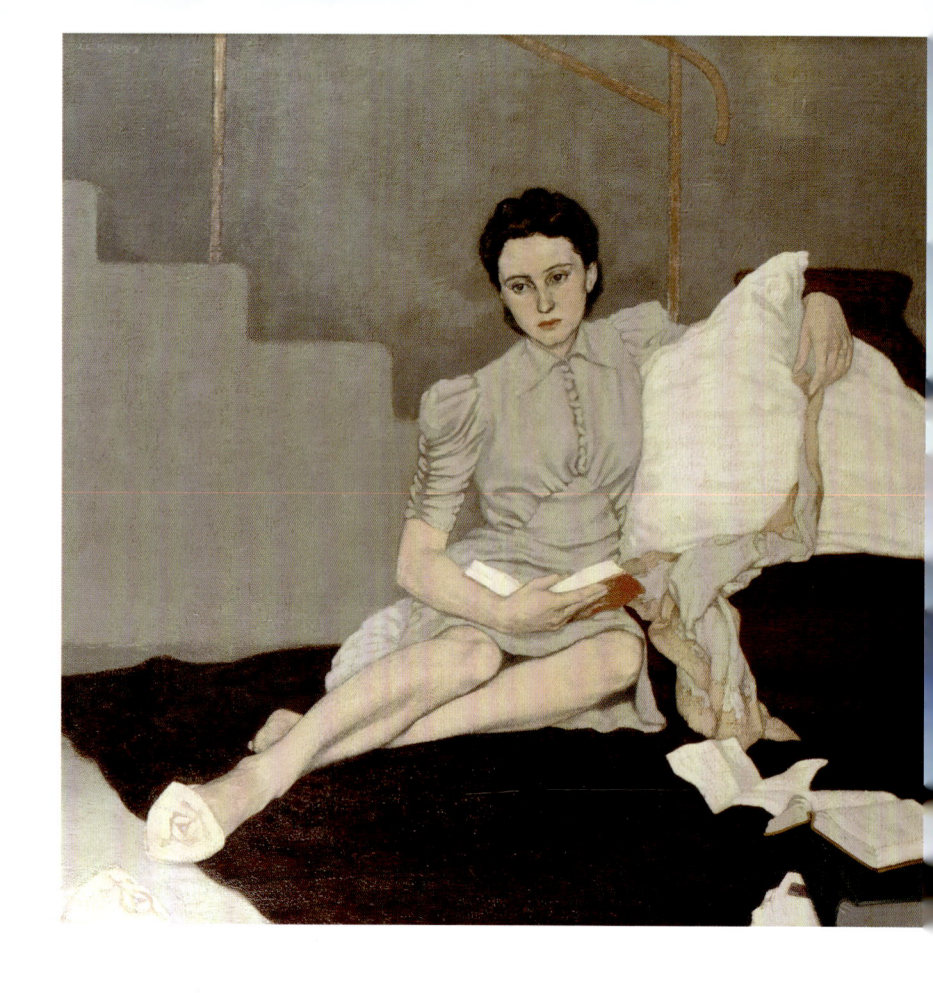

灰衣女孩

路易斯·勒·布罗克

1939年,布面油画,93 厘米×93 厘米（$36^{5/8}$ 英寸×$36^{5/8}$ 英寸）

费伦斯艺术馆,赫尔

呜咽，呜咽
克里·詹姆斯·马歇尔
2003年，玻璃纤维上丙烯画，274.3 厘米 × 182.9 厘米（108 英寸 × 72 英寸）
史密森尼美国艺术博物馆，华盛顿特区

躺着看书的女人

巴勃罗·毕加索

1939年，布面油画
96.5 厘米 × 130 厘米（38 英寸 × 51⅛ 英寸）
毕加索博物馆，巴黎

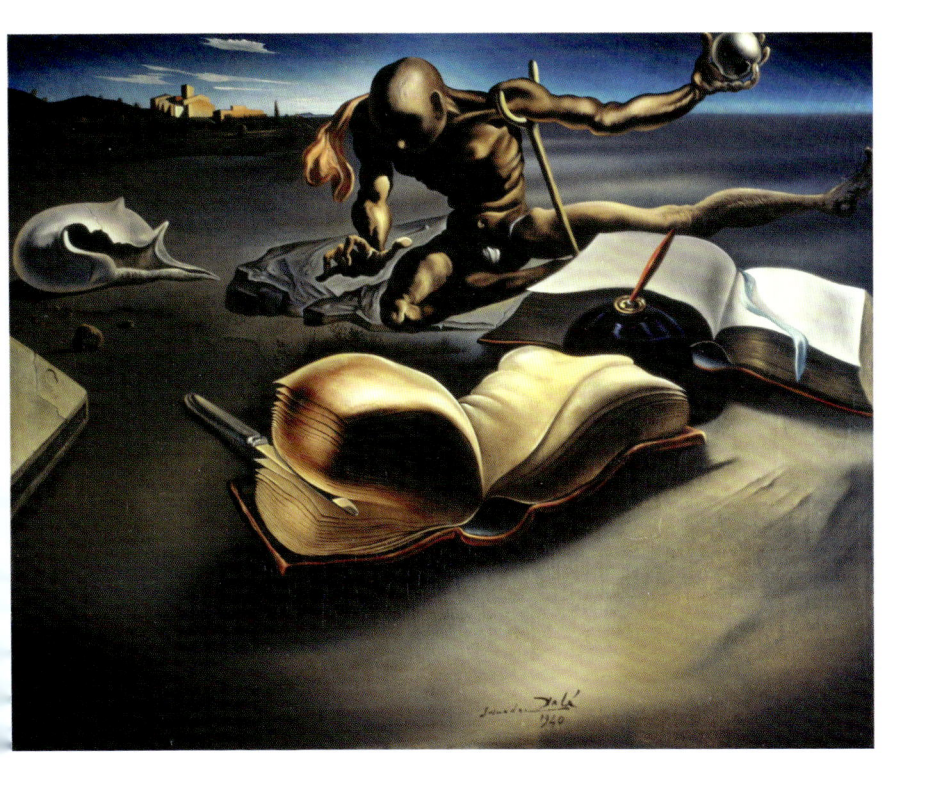

变形为裸体女人的书本

萨尔瓦多·达利
1940年,布面油画
41.3 厘米×51 厘米（16¼ 英寸×20 英寸）
私人收藏

在这件具有幻觉意味的画作中，一本打开的、有一条蓝色书签带的大书悬浮在沙滩上方。画面的前景中另有一本书变形为一个斜倚着的裸体女人形象：蓬松鼓胀的书页形成女人的臀部，而旁边的墨水瓶便是女人的头部。漂浮在这本变形巨著之上的是一个令人不安的人物，也许代表着艺术家本人；一把刀子暗示着他想要吞噬眼前的人体。达利（1904—1989年）在第二次世界大战初始就创作了这一超现实主义的海滩场景。有人将这件作品与艺术家早期受西班牙内战启发所作的作品进行比较，这件作品中几乎没有流露出与国际大事有关的创作动机。达利在创作这件作品时，已经离开了困境重重的欧洲前往美国，在纽约和加利福尼亚的蒙特雷生活，并开始了高强度的写作时期，最终诞生了他的自传《萨尔瓦多·达利的秘密生活》（1942年）。这件作品场景中的空白书籍可能暗指他的这一写作时期，而变形的书卷兴许代表超自然的艺术女神。多年来讨论达利作品的专著颇多，但是直到最近这件作品才进入人们的视线，从1941年至2004年，这件作品一直为私人收藏。

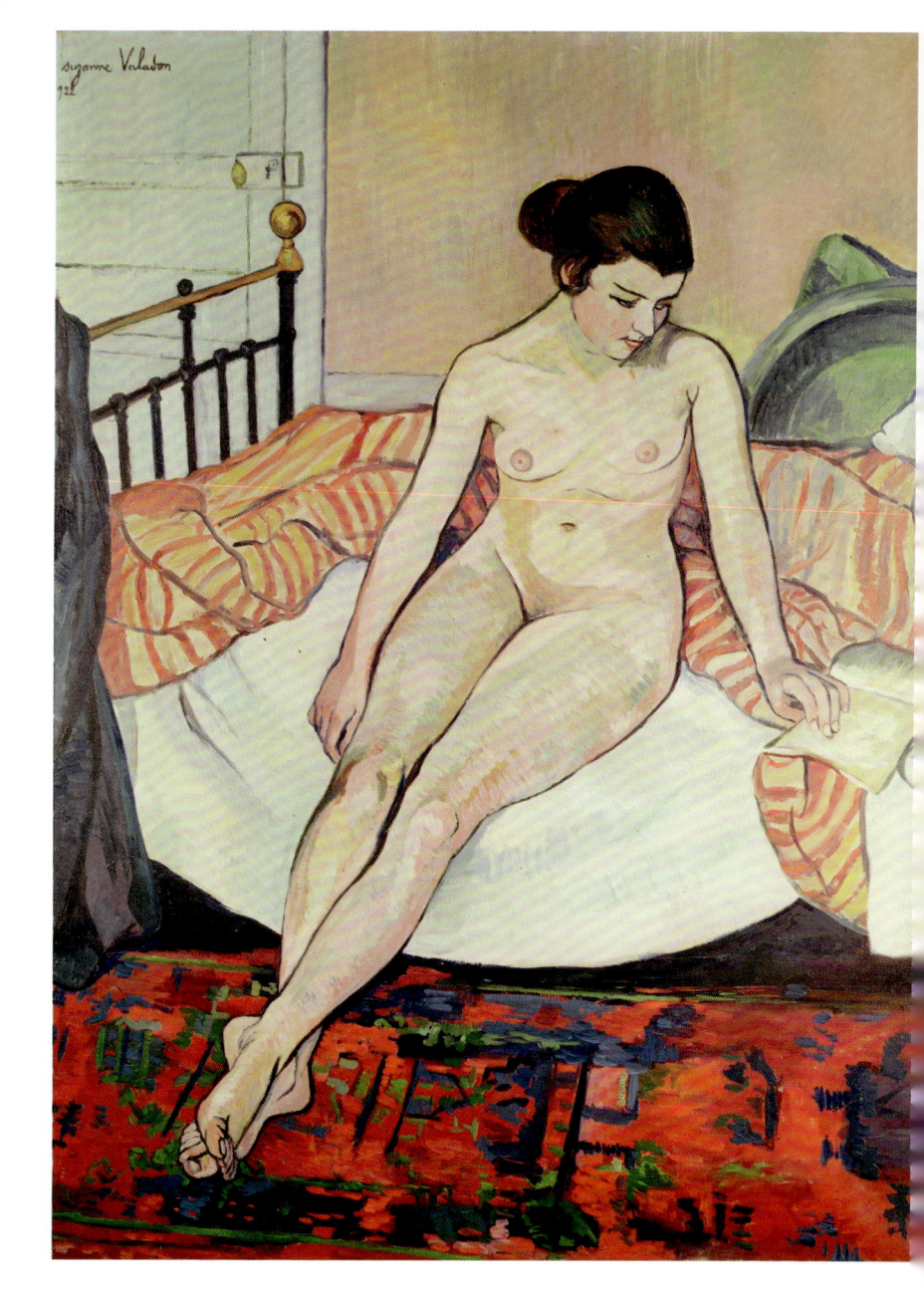

裸体和条纹毯子

苏珊娜·瓦拉东

1922年，布面油画，100 厘米 × 81 厘米（39 3/8 英寸 × 31 7/8 英寸）

巴黎现代艺术博物馆，巴黎

"一本好书是就寝时的理想伴侣。"

——罗伯逊·戴维斯(1913—1995年)

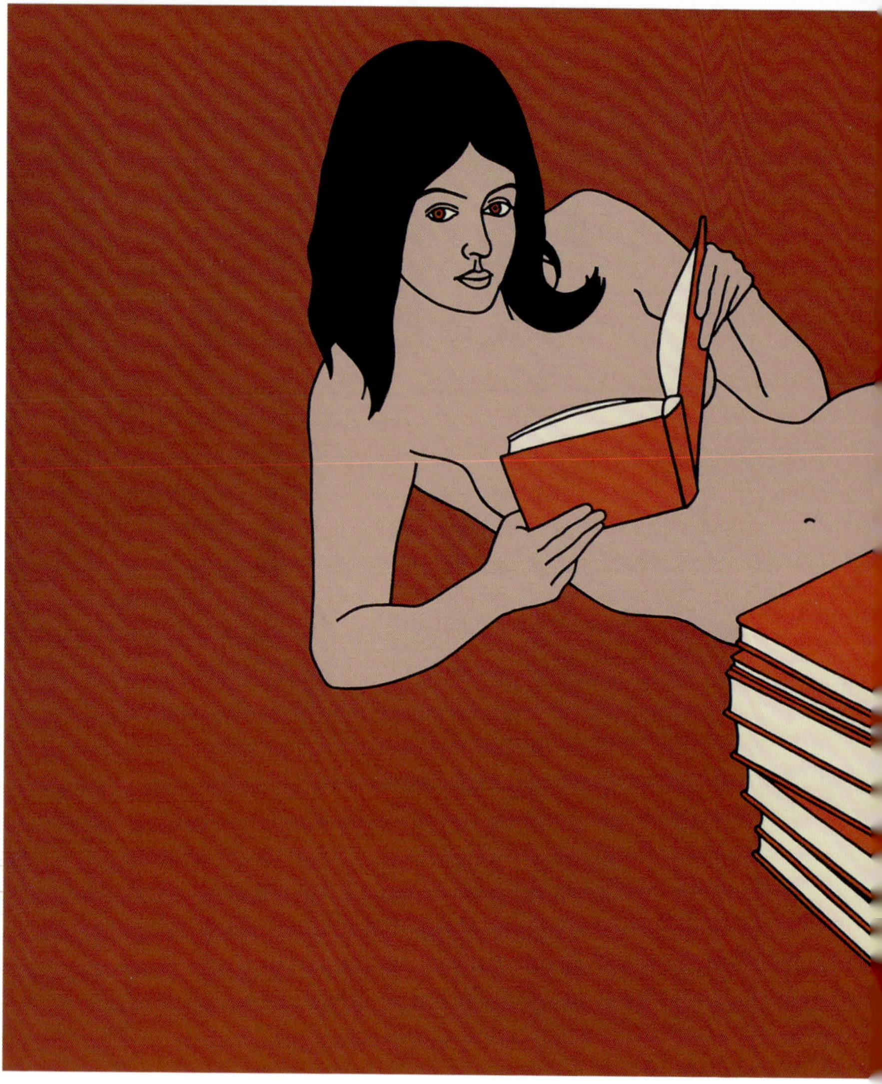

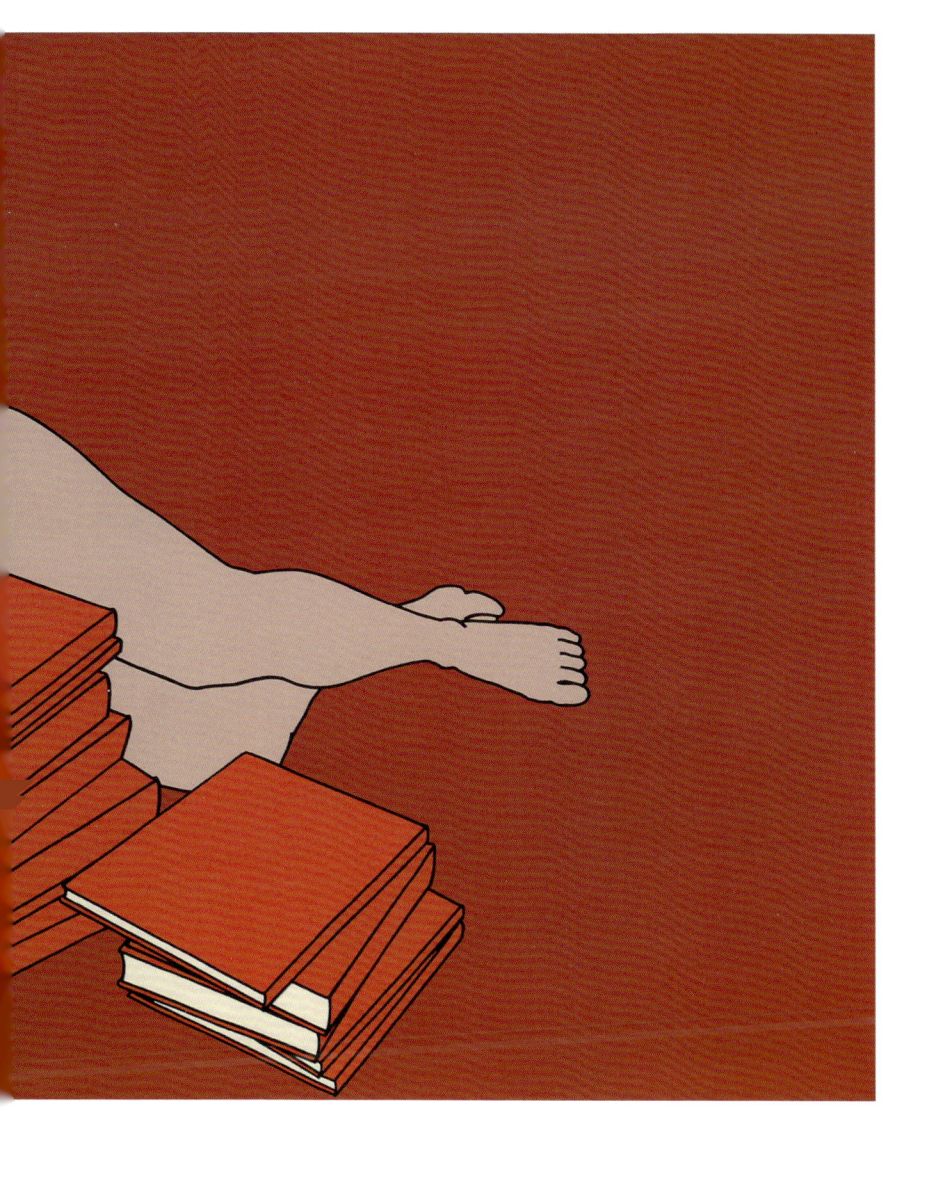

裸体与书籍

帕特里克·考尔菲尔德

1968年，布面丙烯

152.4 厘米×274.4 厘米（60 英寸×108 英寸）

私人收藏

忏悔的抹大拉

圭尔奇诺（乔瓦尼·弗朗切斯科·巴比里）

约1648—1655年，布面油画

114 厘米×92.4 厘米（44¾ 英寸×36⅜ 英寸）

私人收藏

抹大拉的玛利亚袒露胸脯，视线从正在阅读的书上移开，转向身旁的十字架。她抬起一只手，似乎在躲避打开的书，在她的身后有一个骷髅头。在中世纪的传统中，抹大拉的玛利亚原本是一个妓女，耶稣将七个恶魔从她体内驱逐出去后，她得到了救赎。此后据传她远离尘世，过着一种苦行僧一般的生活。圣像盛行于反宗教改革时期——作为对新教改革的回应，天主教于16世纪40年代开始复兴。随之而来的是对忏悔和道德的再度重视，并广泛利用抹大拉的象征形象来鼓励天主教徒摒弃世俗。圭尔奇诺所画的骷髅头象征着死亡，这是在描绘圣人时常见的物象。画面中的书籍也是一个反复出现的符号，尽管它的意味并不是很清晰。或许它暗指知识，但圣人有力的姿态表明，这本书实际上象征着虚空。因此，这幅画可视为在鼓励人们放弃世俗智慧、财富以及快乐，追求一种全心全意侍奉上帝的生活。

阅读的女子

泰奥多尔·鲁塞尔

1886—1887年，布面油画

152.4 厘米 × 161.3 厘米（60 英寸 × 63$\frac{1}{2}$ 英寸）

泰特美术馆，伦敦

"阅读之于心灵，犹如运动之于身体。"

——理查德·斯梯尔爵士（1672—1729年）

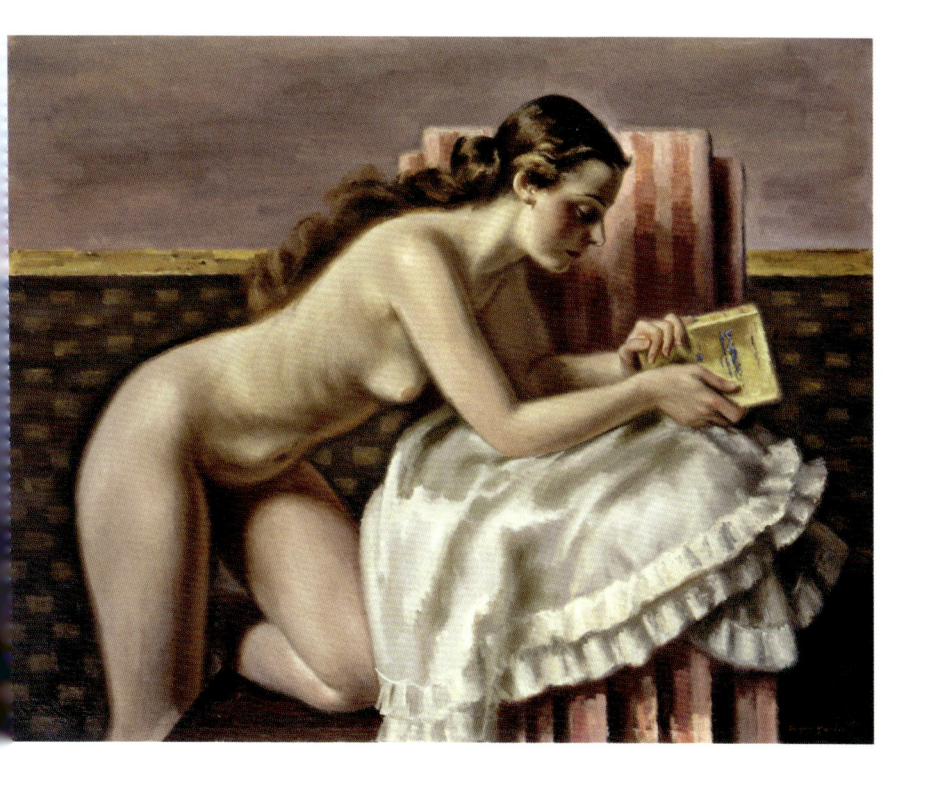

一本好书
尤金·斯派克
20世纪，布面油画
102厘米×130厘米（40英寸×51英寸）
私人收藏

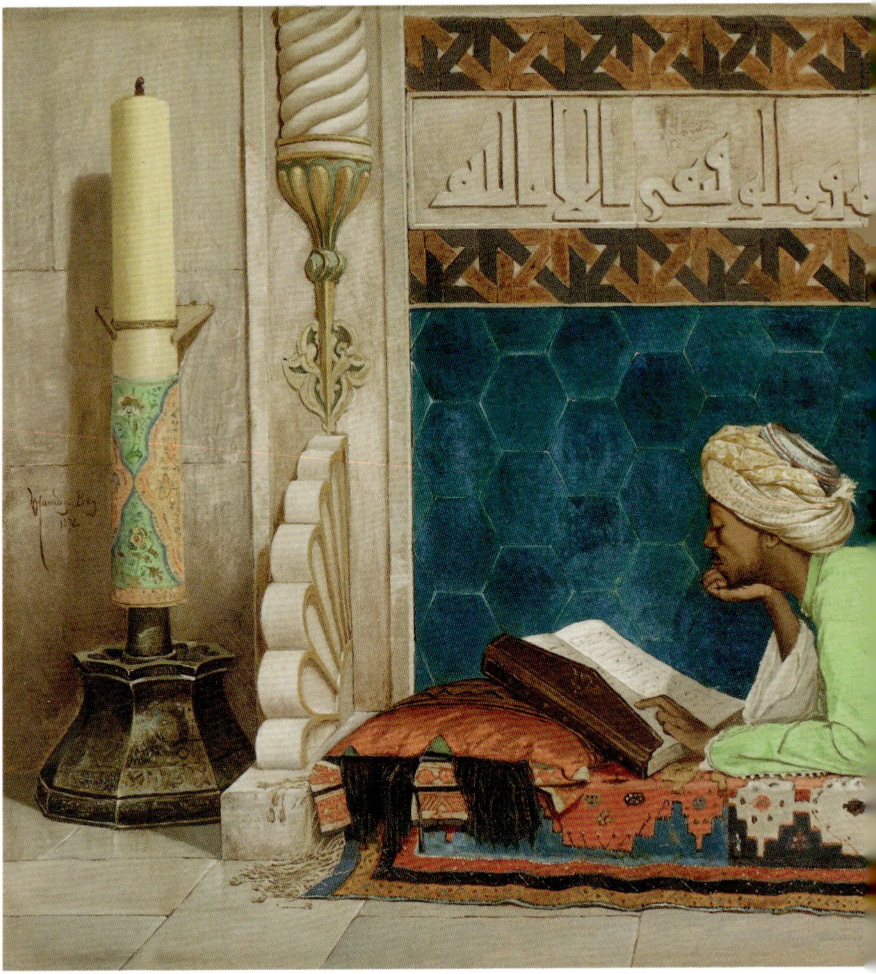

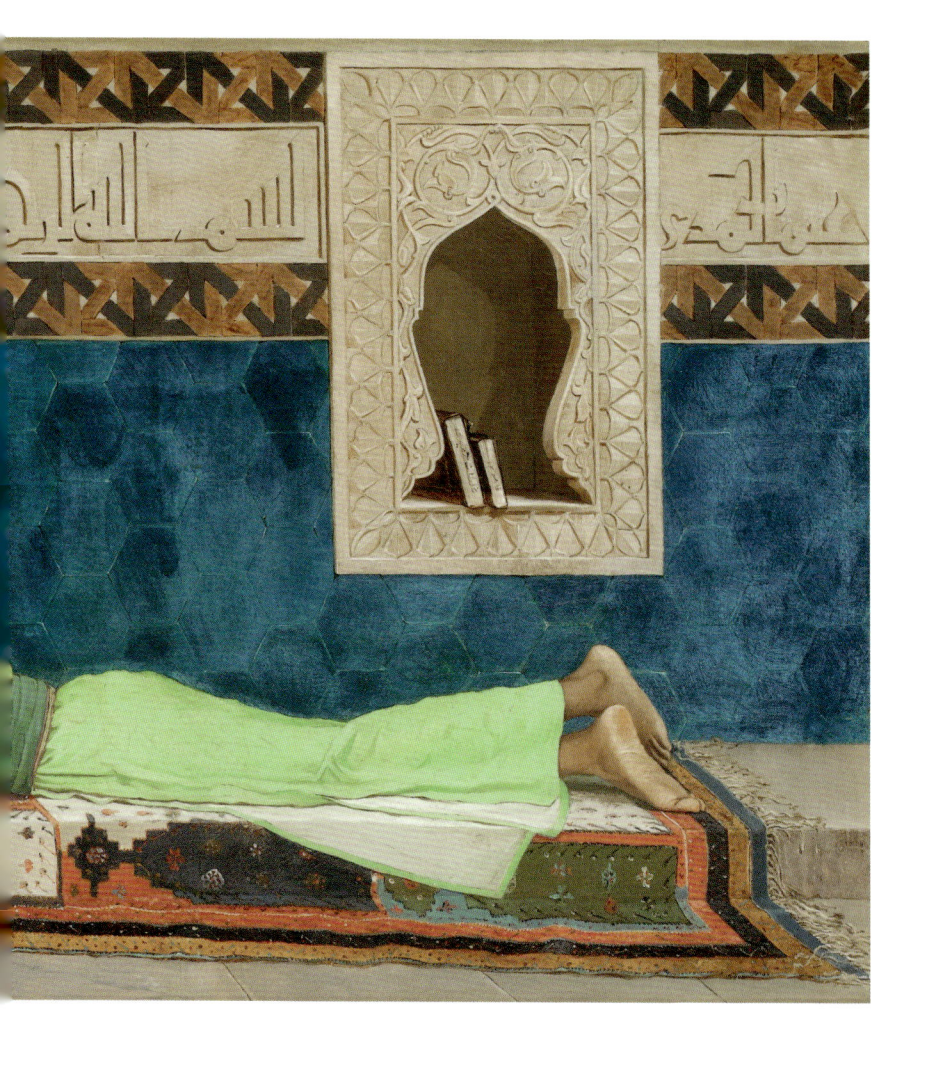

学者

奥斯曼·哈姆迪·贝

1878年，布面油画

45.5 厘米×90 厘米（18 英寸×35½ 英寸）

私人收藏

94度阴影
劳伦斯·阿尔玛-塔德玛
1876年，布面油画铺在红木面板上
35.3 厘米×21.6 厘米（13$\frac{7}{8}$ 英寸×8$\frac{1}{2}$ 英寸）
菲茨威廉博物馆，剑桥

在我之外（纪念碑谷）
翠西·艾敏

1994年，彩色合剂冲印，65 厘米×81 厘米（25$^{5/8}$ 英寸×31$^{7/8}$ 英寸）

叶明（生于1963年）坐在纪念碑谷壮观的砂岩地貌前，朗读她的自传《灵魂的探索》（1994年）。这张照片摄于她在美国旅行期间。当时她驱车从旧金山到纽约，沿路举办一些朗读自传分享活动。在这本自传里，叶明叙述了其早年生活里的重大事件，从她母亲孕育开始到13岁时被强奸的经历。叶明将这部意识流自传描述为一场精神之旅，一场与孩童时期的天真、美好以及邪恶的和解。自传以称颂生命周期开始，想象着她的父母相遇时的激情以及她母亲孕育她和孪生弟弟保罗的经历。《灵魂的探索》初版时只发行了200本，配以叶明和她弟弟的照片。第一页是手写文字，贴在一把椅子的背面，这把椅子是艺术家的祖母遗留给她的。除此之外，书中还附有一些私人化的内容，包括她的美国公路之旅所到过的地方。

朗德山
亚历克斯·卡茨
1977年，亚麻布面油画，183 厘米×244 厘米（72 英寸×96 英寸）
洛杉矶艺术博物馆，洛杉矶

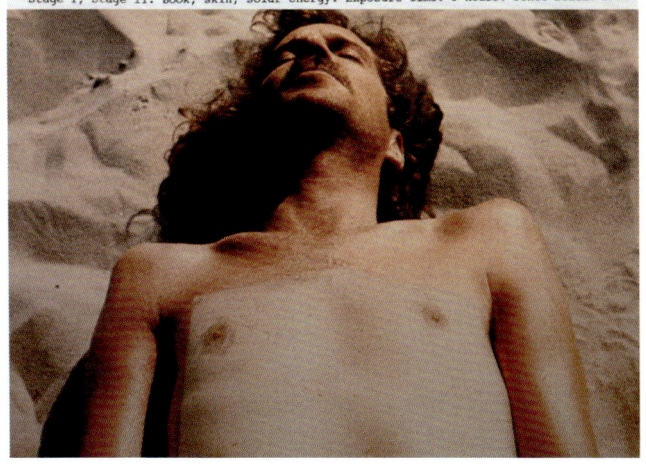

致二级灼伤的阅读姿势

丹尼斯·奥本海姆

1970年，彩色摄影和文本

215.9 厘米×152.4 厘米（85 英寸×60 英寸）

奥本海姆（1938—2011年）在纽约的琼斯海滩之 旅中，躺在沙滩上，胸前覆盖着威廉·巴尔克的《策略》 （1914年）一书。然而，他并没有在读这本书，而是将 这本书放在裸露的胸前，躺在灼热的阳光下整整五小时。 两张照片记录下了这次行为：第一张照片显示一头长发的 艺术家胸前覆盖着一本书，此时他的皮肤是白皙的；第二 长照片显示艺术家以相同的姿势躺在沙滩上，只是此时他 的皮肤除了书本覆盖的那块长方形面积，其余已经晒得通 红，且变得粗糙。奥本海姆早期的作品都与大地艺术有关，作品的尺寸很大，以自然景观作为艺术塑造的媒介。 这件作品是艺术家早期以自己的身体作为创作素材的作品 之一，他的皮肤便是画布，太阳在画布上留下印记。奥本 海姆挑选的书是有关战争策略的，此书的原作者是一位普 鲁士军官，之后被一位参加过第二次世界大战且从未打过 败仗的美国军官翻译为英文。艺术家的阅读材料表明，通 过这件作品及其他作品，他正准备以一系列全新的、具有 创新性的策略性姿态来表现艺术世界。

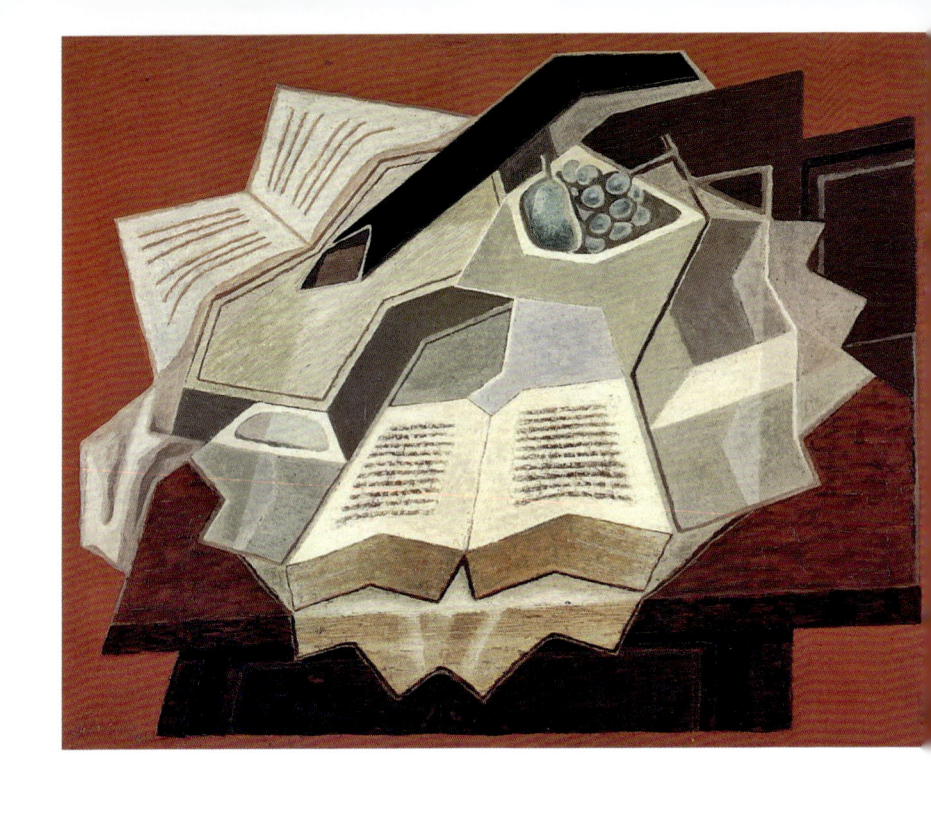

打开的书本

胡安·格里斯

1925年,布面油画
73 厘米×92 厘米（28$\frac{3}{4}$ 英寸×36$\frac{1}{4}$ 英寸）
伯尔尼美术馆,伯尔尼

书

理查德·阿奇瓦格

1987年，多层木材和胶木

总尺寸13厘米×51.1厘米×30.7厘米（5⅛英寸×20⅛英寸×12⅛英寸）

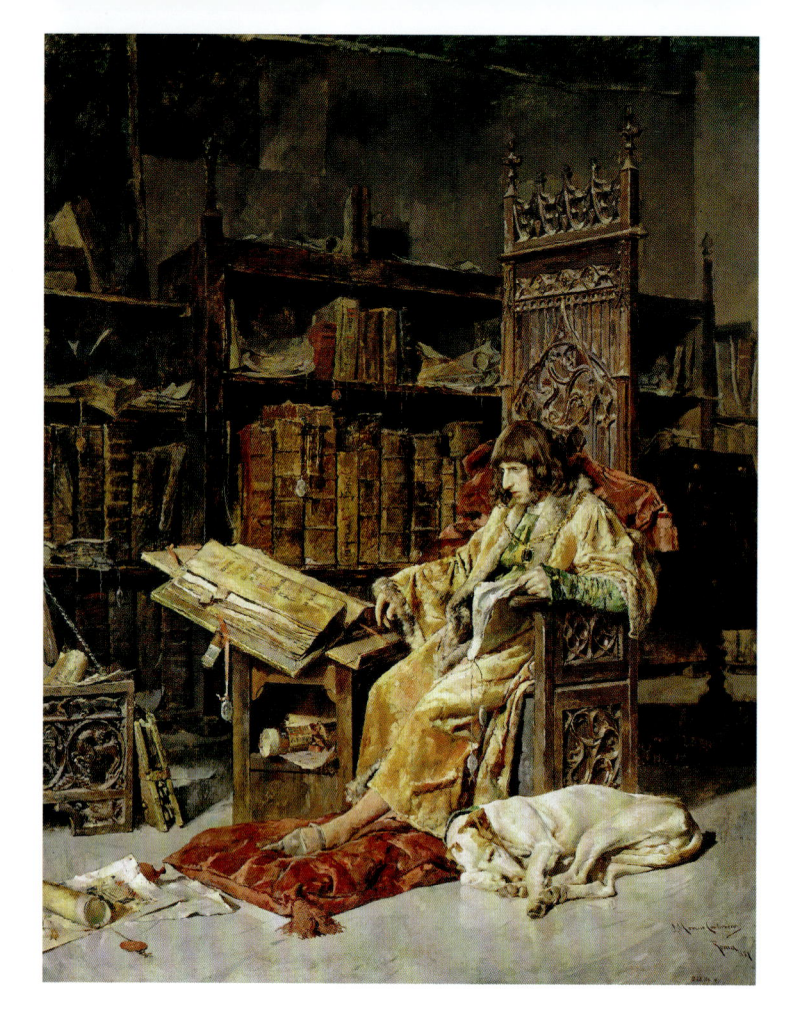

比亚纳的卡洛斯王子

若泽·莫雷诺·卡沃内罗

1881年，布面油画，310厘米×242厘米（122英寸×95¼英寸）
普拉多国家博物馆，马德里

一位愤懑的西班牙王子在一间中世纪图书室里藏书间陷入沉思，四周是大量的藏书。他坐在一把王座般的椅子上，茫然地望着某处，无心于手头的研究。在15世纪中期，卡洛斯·德维亚纳是西班牙北部阿拉贡和纳瓦拉的王位继承人。然而，他的父亲胡安二世与他断绝了关系，转而支持他的弟弟，即天主教徒费尔南多。由于卡洛斯的声望在加泰罗尼亚人民中日益高涨，费尔南多强迫他退出公众视野。卡洛斯退隐到那不勒斯的一座修道院，大部分时间在修道院的图书室里阅读和研究，陪伴他的只有一只灰狗。卡沃内罗（1860—1942年）小心翼翼地描绘了带有金属扣的大尺寸皮革书籍、散落的卷轴和这间想象的图书室里布满灰尘的角落。事实上，他在描绘这些古籍上的用心不亚于对中心人物的投入。卡洛斯是一个学识渊博的王子，曾将亚里士多德的著作翻译成阿拉贡语，并编撰纳瓦拉历代国王的传记。然而在这件作品中，他似乎很脆弱，与他在文学上的雄心壮志相去甚远。他茫然的表情流露出失去与生俱来的权利的无比绝望之情。

米格尔·德乌纳穆诺肖像

若泽·古铁雷斯·索拉纳

1936年，布面油画，141 厘米 × 116 厘米（55½ 英寸 × 45⅝ 英寸）

索菲亚王后国家艺术中心博物馆，马德里

"很多人是从阅读一本书开启他人生的新时代的。"

——亨利·大卫·梭罗（1817—1862年）

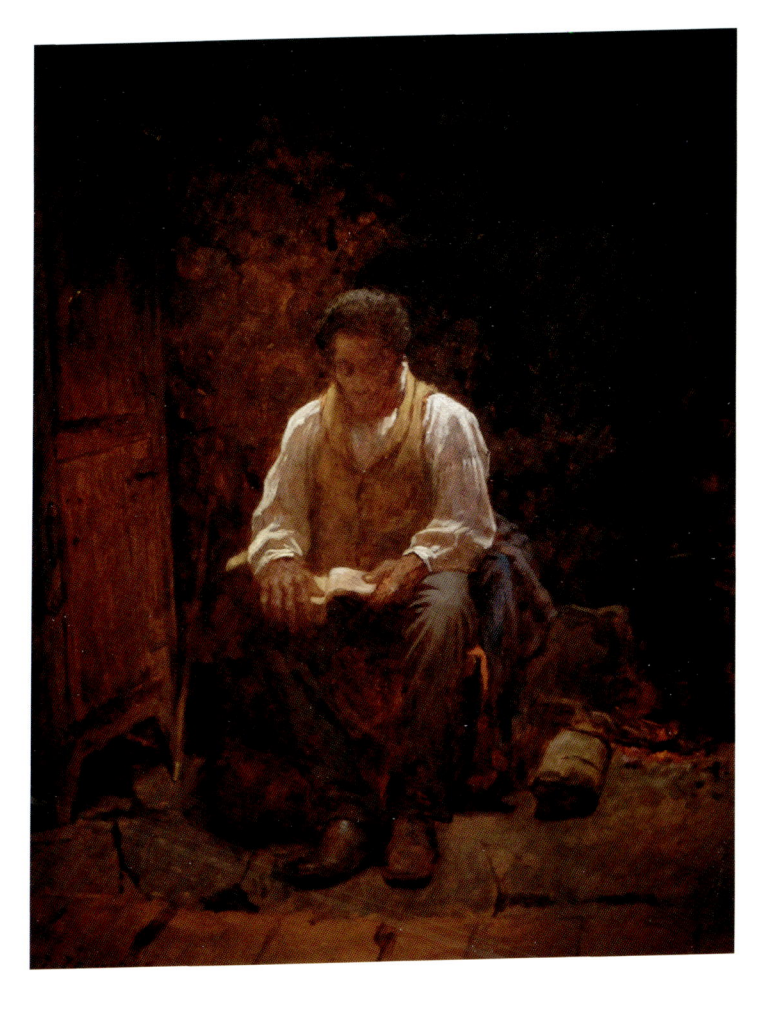

上帝是我的牧羊人

伊斯门·约翰逊

1863年,木板油画,42.3 厘米×33.2 厘米(16$\frac{5}{8}$ 英寸×13$\frac{1}{8}$ 英寸)
史密森尼美国艺术博物馆,华盛顿特区

一位非裔美国人坐在厨房灶台旁的凳子上读《圣经》。约翰逊(1824—1906年)在美国内战期间创作了这件作品,当时林肯总统的《解放宣言》使南方联邦的黑人奴隶获得了解放。这幅画的标题出自《诗篇》第23篇,此篇的开头便是众所周知的那句话:"上帝是我的牧羊人,我必无所不缺。"《诗篇》出现在《圣经》的中间部分,而这个男子显然在读《圣经》的开头部分,也许是《出埃及记》,讲述的是摩西带领犹太人走出埃及的故事。这个关于奴隶从囚禁中获得解放的故事在奴隶中引起了非同寻常的共鸣,那些为废除奴隶制而战的废奴主义者在他们的废奴运动中经常援引这个故事。对约翰逊及其他人而言,自由不仅仅意味着身体上的解放。废奴主义者认为昔日的奴隶必须接受教育,才能使他们有能力以公民的身份参与废奴运动。然而,奴隶的识字率非常低,甚至在南方一些地区奴隶接受教育是非法的,在19世纪中期,白人看到黑人阅读的情景会感到十分惊讶。约翰逊在这件作品里非常清楚地传达了一个观点:对于奴隶而言,只有获得阅读的权利才是真正得到解放。

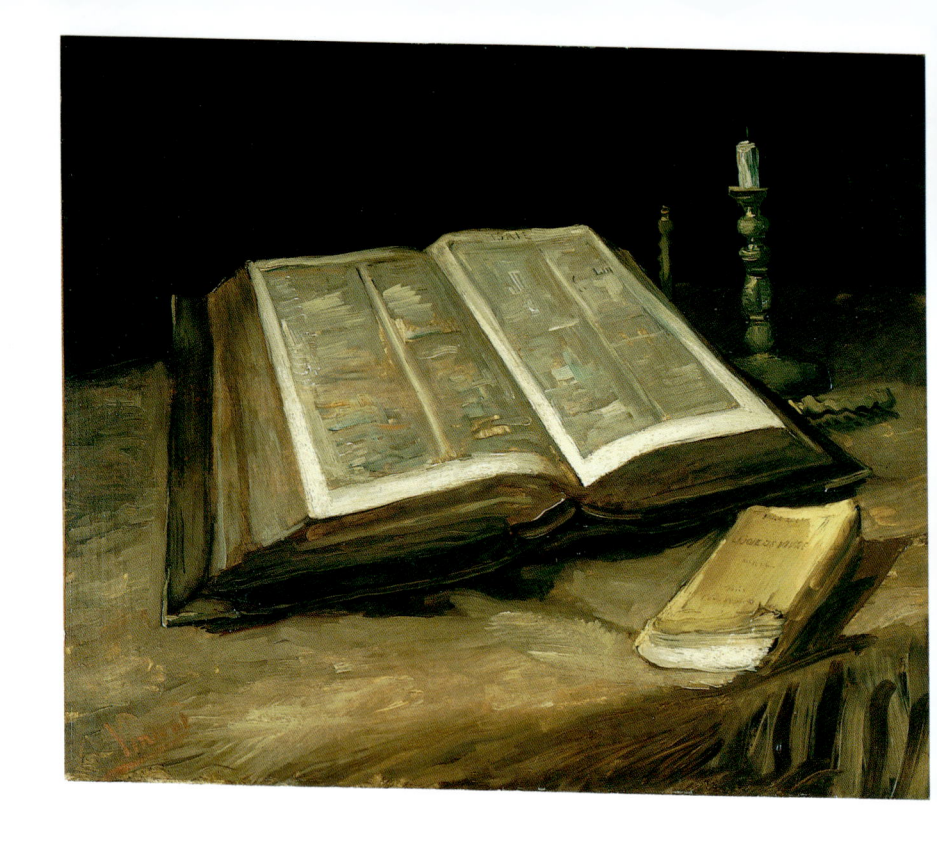

静物《圣经》

文森特·凡·高

1885年，布面油画
65.7 厘米 × 78.5 厘米（25⅞ 英寸 × 30⅛ 英寸）
凡·高博物馆，阿姆斯特丹

一本黄色封面的小平装书置于皮革装订的大本《圣经》旁边。凡·高（1853—1890年）在他父亲去世后不久，仅用一天的时间完成了这件令人印象深刻的作品。凡·高的父亲是荷兰归正教会的牧师，画中的《圣经》代表了他的世界观。黄色封面的小说是埃米尔·左拉的《生活的喜悦》（1884年），凡·高极为欣赏左拉的作品，认为它们反映了真实的生活。熄灭的蜡烛或许暗指死亡，也有可能暗示隐于阴影中的《圣经》所代表的旧时代观点。相比之下，左拉的小说色彩鲜亮、富有文义、充满活力。小说的书名清晰可辨，而《圣经》上的文字被描绘成抽象的色块，无法辨认。不过，艺术家表明《圣经》打开的书页是《以赛亚》第53章，记载了著名的《受苦的仆人》内容，基督教徒认为这是《旧约》中对耶稣的预言，即他是"一个充满悲情的人物"。左拉作品的书名《生活的喜悦》具有讽刺意味，因为在这部充满痛苦和不幸的小说中毫无喜悦可言。这两本截然不同的书摆在一起，表达了艺术家失去至亲的悲痛。

书虫的书桌

克劳德（克劳丁）·拉格特·赫斯特

19世纪90年代，石墨乳色纸面水彩画

31.8 厘米 × 24.1 厘米（12½ 英寸 × 9½ 英寸）

布鲁克林博物馆，纽约

诗集
克劳德（克劳丁）·拉格特·赫斯特
19世纪晚期，布面油画
尺寸不详
私人收藏

打开的书：1—8册

安德拉斯·伯勒茨

2010年，墨水素描画在手工纸上，置于松木板上
尺寸从30.5厘米×10.2厘米×1.9厘米到45.8厘米×15.3厘米×1.9厘米不等
（从12英寸×4英寸×$\frac{3}{4}$英寸到18英寸×6英寸×$\frac{3}{4}$英寸不等）

"一本空白书就像一个婴儿的灵魂，里面可以写任何东西。它无所不能，却空空如也。"

——托马斯·特拉赫恩（1637—1674年）

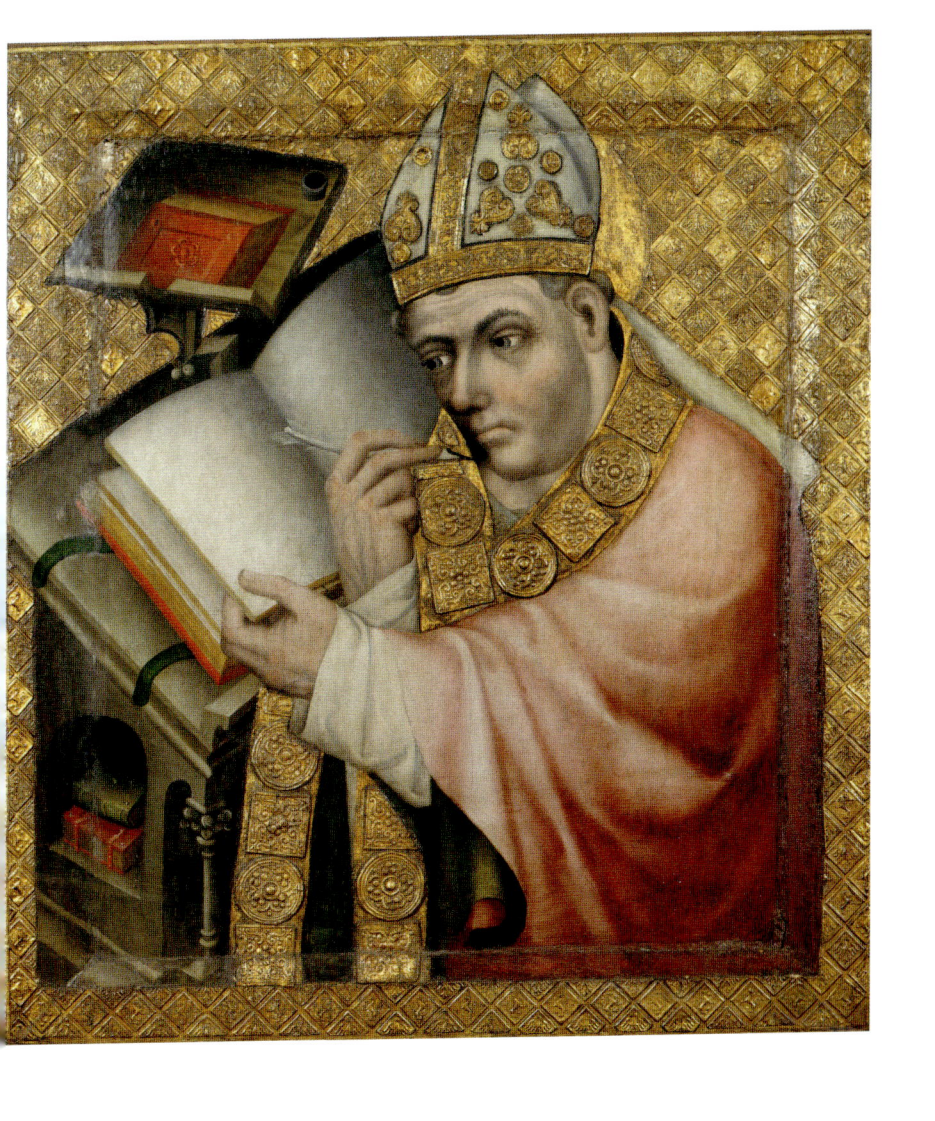

正在写作的主教

马斯特·西奥多里克

1360—1365年，木板蛋彩画
113 厘米 × 105 厘米（44$\frac{1}{2}$ 英寸 × 41$\frac{3}{8}$ 英寸）
捷克国家美术馆，布拉格

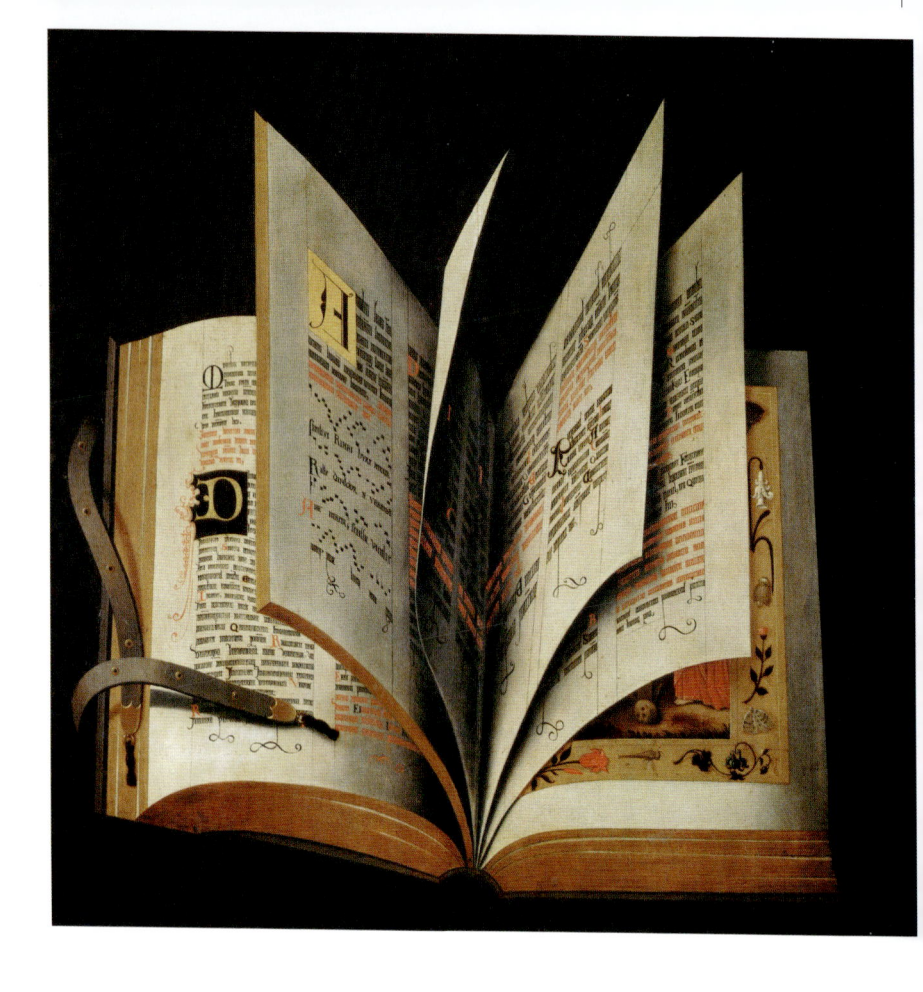

打开的祈祷书

小路德格尔·汤姆·林

约1570年,橡木面板油画,66.7厘米×66.7厘米(26¼英寸×26¼英寸)

弗朗西斯·莱曼·洛布艺术中心,

瓦萨学院,波基普西,纽约

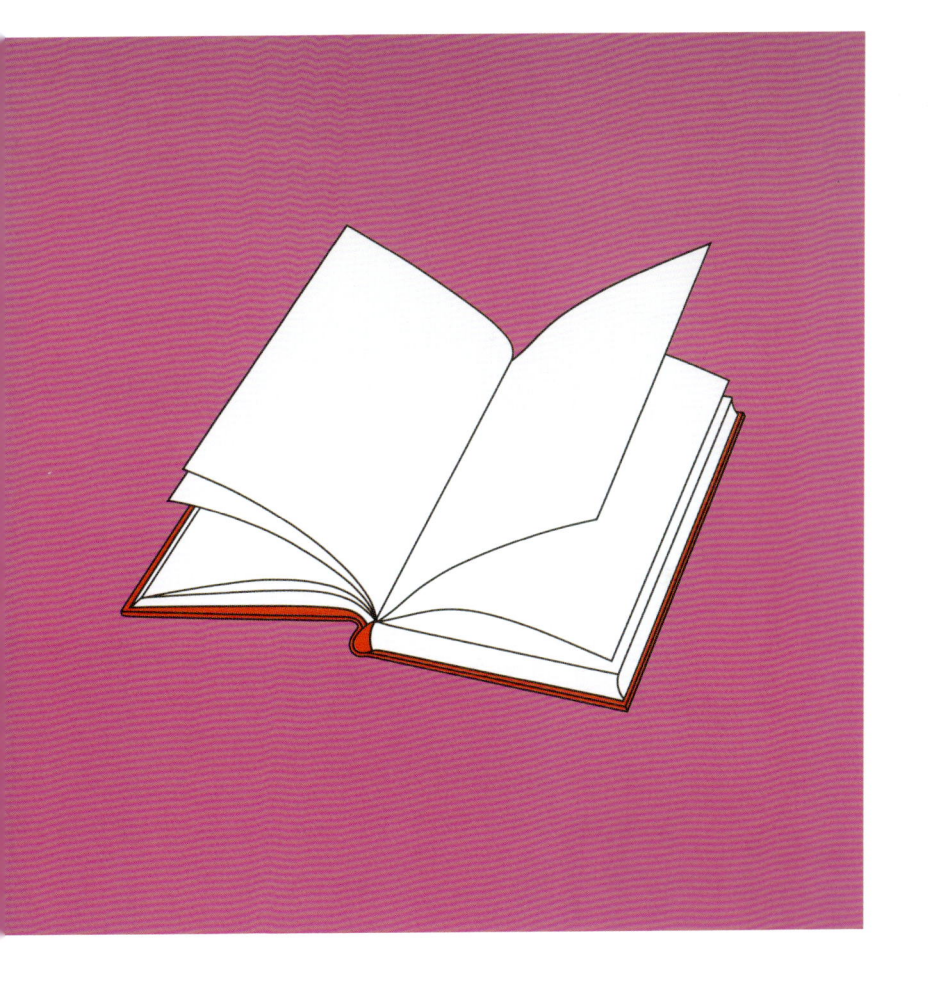

无题（书籍）
迈克尔·克雷格-马丁
2014年，铝上丙烯
200 厘米 × 200 厘米（78¾ 英寸 × 78¾ 英寸）

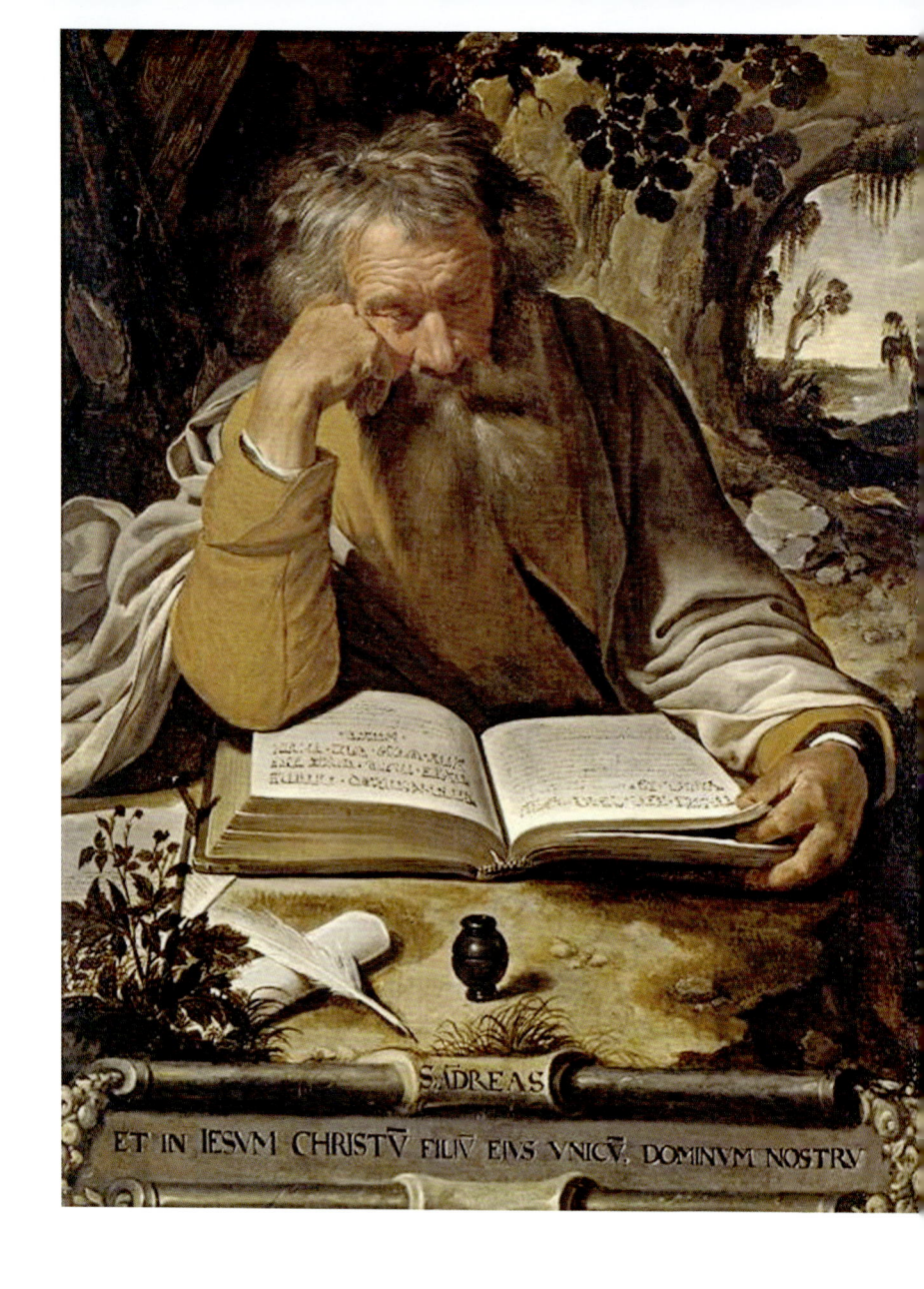

圣安德鲁

阿特斯·沃尔福德

17世纪早期，布面油画
116厘米×91.4厘米（45¾英寸×36英寸）
私人收藏

埃米尔·维尔哈伦肖像
西奥·凡·利赛尔伯格
1915年,布面油画
77.5 厘米×92 厘米(30½ 英寸×36¼ 英寸)
奥赛博物馆,巴黎

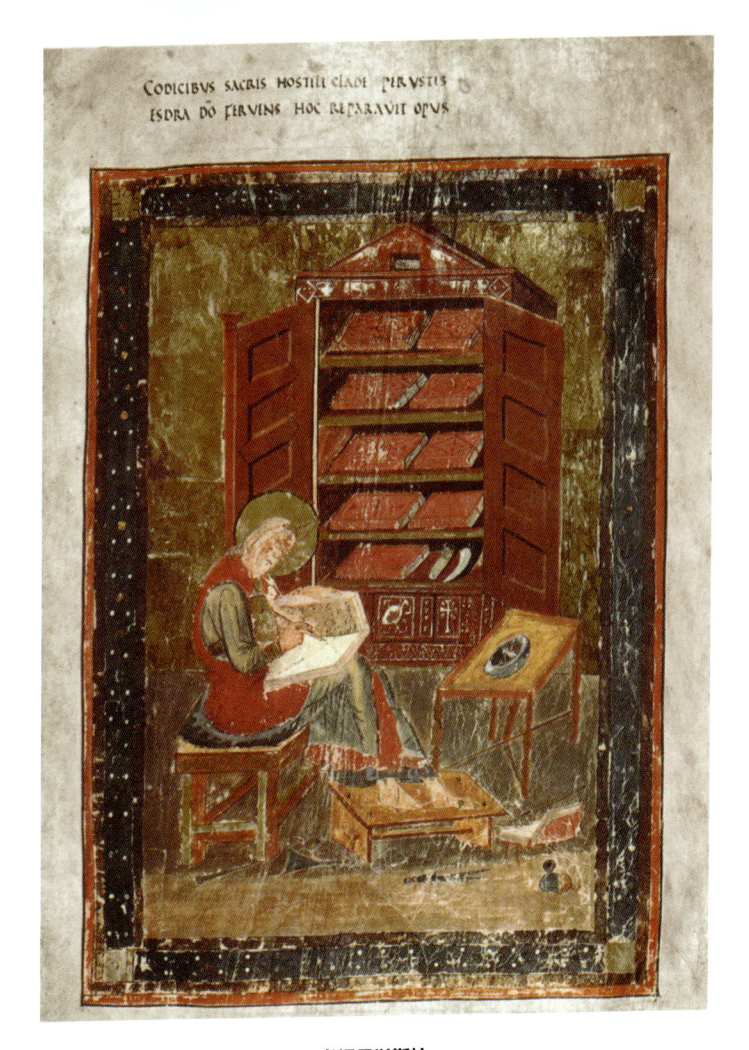

书记员以斯拉

出自《阿米提奴抄本》

艺术家不详

716年前,羊皮纸上插图手稿,50.5 厘米 × 34 厘米(19$\frac{7}{8}$ 英寸 × 13$\frac{3}{8}$ 英寸)

美第奇劳伦佐图书馆,佛罗伦萨

  带有光环的书记员以斯拉正坐在一张长凳上,忙着撰写一部手稿。在他旁边有一个打开的书柜,里面摆放着九卷本的《圣经》,一本紧挨着一本,每本都闭合着。这幅插图是现存装订手稿中最早的图像之一,出现在《阿米提奴抄本》的卷首,这是现存最早的圣哲罗姆拉丁文《圣经》译本的复本。以斯拉是古代以色列的书记员、牧师和宗教老师,他撰写了一本以其名字命名的圣经著作。在犹太传统中,他的工作与收集和编辑正统《圣经》息息相关,因而他是《圣经》书籍卷首的理想主题。尽管以斯拉可能撰写过卷轴,但是在这件作品中,他是写在抄本上的,这是最早的书籍形式,直到4世纪书籍才开始普及。

  《阿米提奴抄本》是重要的《圣经》抄本,完稿于英格兰东北部著名的修道院和书籍制作中心芒克威尔茅斯。修道院的僧侣从692年开始制作此书,直到8世纪初期才完成,之后赠送给了教皇。

四个布道者

彼得·阿尔岑

1560—1565年，橡木油画，113 厘米×143 厘米（44½ 英寸×56¼ 英寸）
艺术史博物馆，维也纳

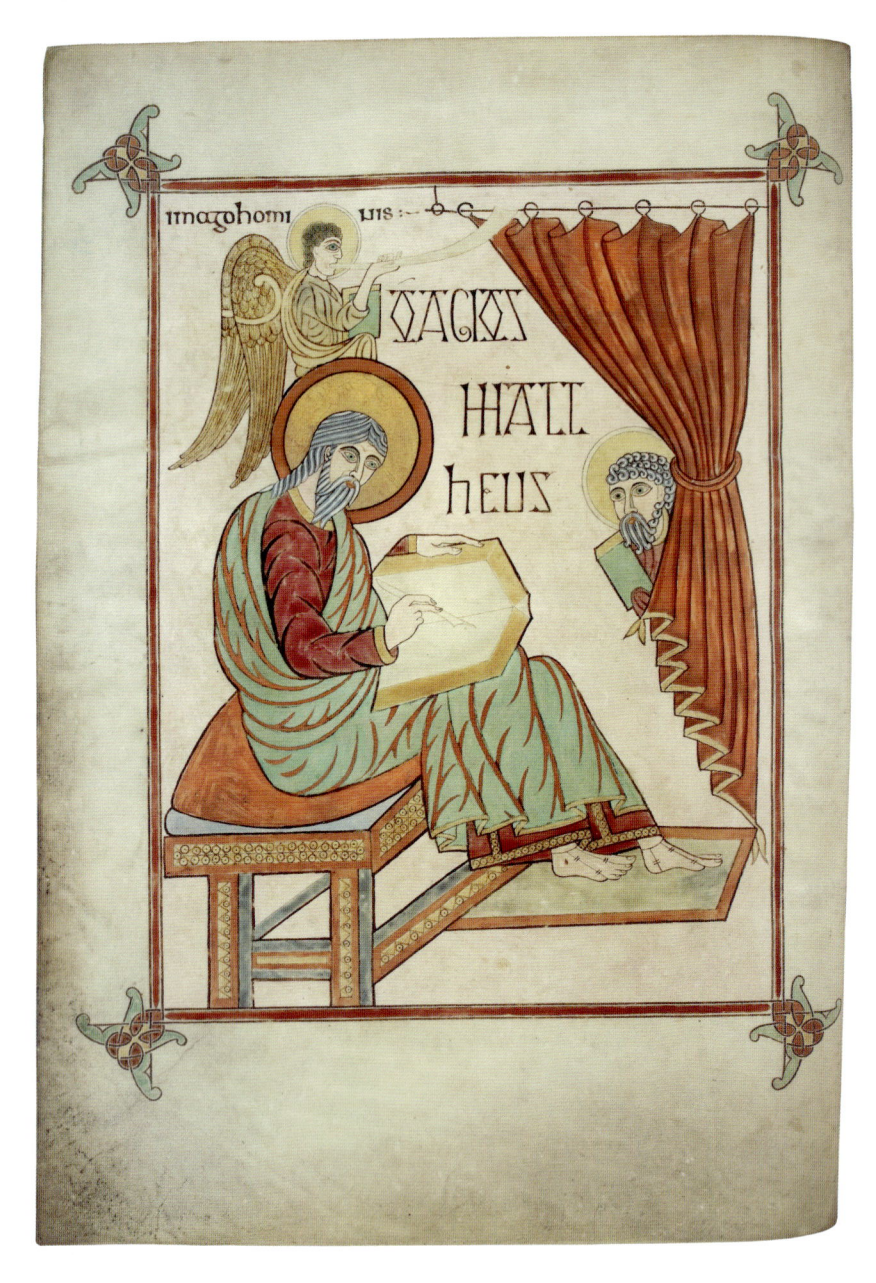

福音传道者圣马修

出自《林迪斯法恩福音书》

林迪斯法恩的埃德弗里斯

约700年，羊皮纸彩色手稿，36.5厘米×27.5厘米（14$\frac{3}{8}$英寸×10$\frac{7}{8}$英寸）

大英图书馆，伦敦

写赞美诗的年轻女子
贾科莫·帕基亚罗托
1500年后，面板油画
44.5厘米×28.5厘米（17½英寸×11¼英寸）
私人收藏

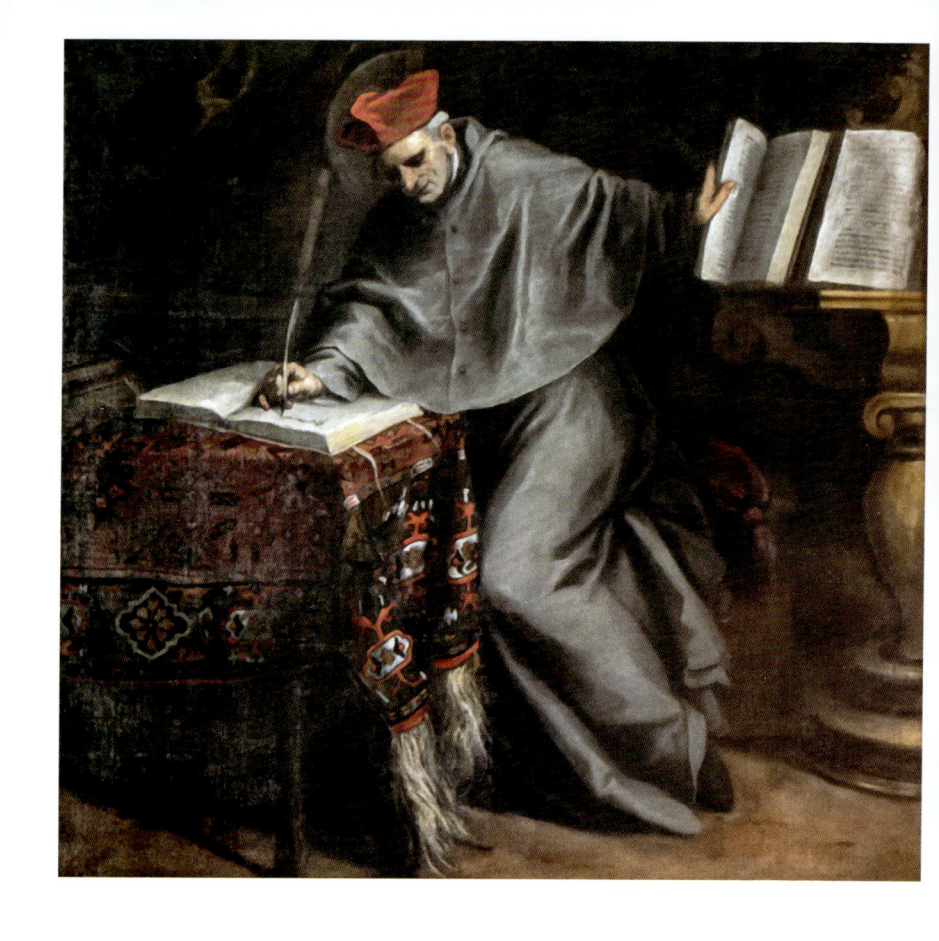

书房里的圣博纳旺蒂尔

帕尔马·乔瓦尼

16世纪晚期或17世纪早期,面板油画,尺寸不详

圣弗朗西斯科教堂,威尼斯

马丁·路德在瓦特堡翻译圣经
图24，出自《路德的一生：48幅历史版画》
古斯塔夫·薛尼格
约1850年，版画，纳撒尼尔·库克出版，伦敦

　　这件作品展示了教会改革家马丁·路德在德国图林根州瓦特堡城堡的情景。他孜孜不倦地将《新约》从希腊语译成德语，只用了11周时间就完成了全书的翻译。4年前，他出版了《95条论纲》，书中批判了罗马天主教会和教皇的腐败，从而引发了新教改革。在拒绝公开道歉后，他被神圣罗马帝国皇帝查理五世以不法之徒的身份逐出教会。出于自身安全的考虑，他在萨克森州智者弗雷德里克的安排下，隐居瓦特堡，蓄起长须，托名容克尔·约尔格——约翰骑士，并佩剑来伪装自己。路德的《新约》译本首次出版于1522年，是便携式开本，便于阅读。不像以前的德语版《圣经》，它是一本面向普通大众的方言体译本，并将多种方言统一为一种语言，为现代德语的发展做出了重大贡献。对很多人而言，这位改革家不顾教皇的权威，在教义问题上以《圣经》为最高权威，树立起了民族英雄的形象；而对另一些人而言，他是一个危险的异教徒。薛尼格（1808—1869年）描绘了一本大受公众喜爱的路德传记，他在这幅版画里刻画了路德一生中具有革命性的一刻，与当代德国民族的祈愿产生了共鸣。

夏尔·波德莱尔肖像
古斯塔夫·库尔贝
1848年，布面油画，54厘米×65厘米（21¼英寸×25⅝英寸）
法布尔博物馆，蒙彼利埃

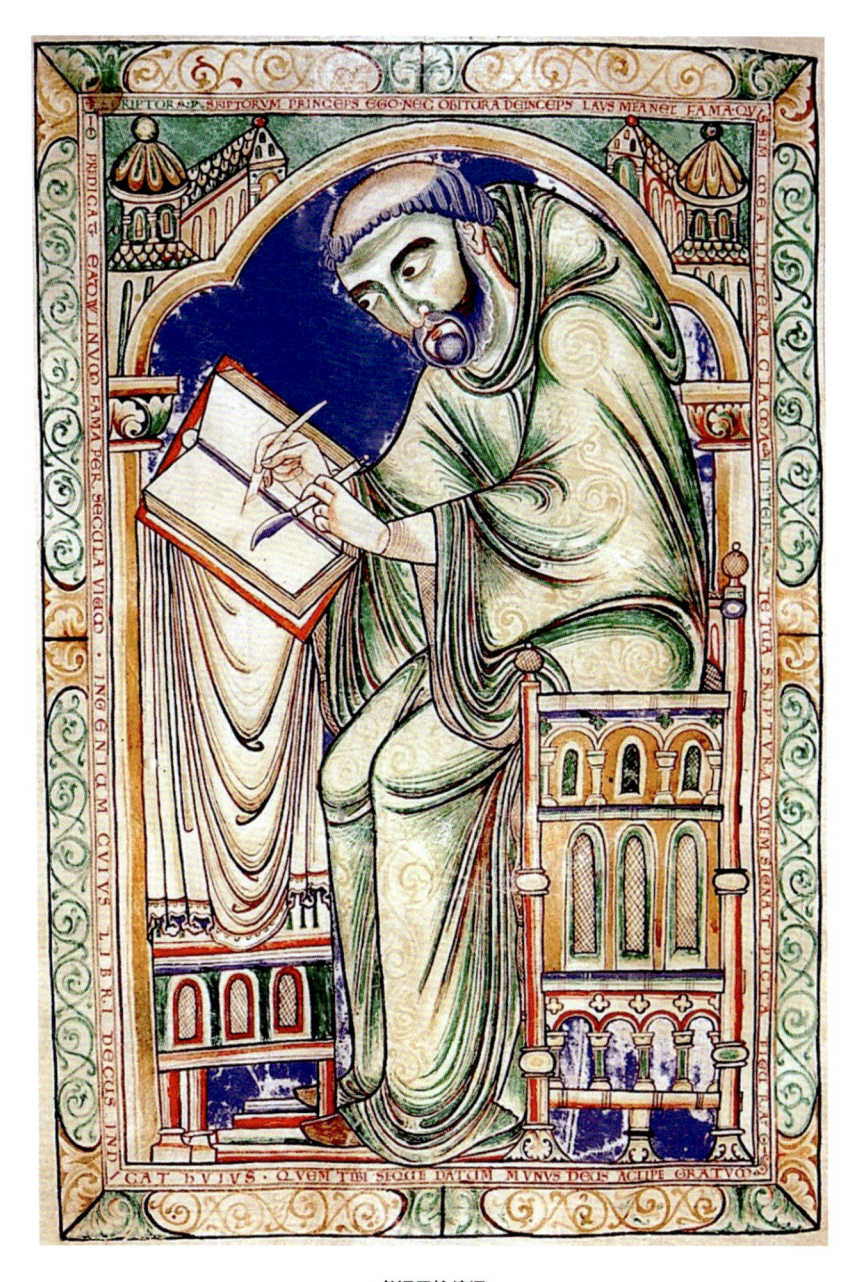

书记员埃德温

出自《坎特伯雷诗集》

艺术家不详

约1150年,皮纸油彩,51.5 厘米×41.5 厘米(20 1/4 英寸×16 3/8 英寸)

三一学院,剑桥

埃米尔·左拉
爱德华·马奈
1868年,布面油画
146.5 厘米 × 114 厘米(57 3/4 英寸 × 44 7/8 英寸)
奥赛博物馆,巴黎

古斯塔夫·热弗鲁瓦

保罗·塞尚

1895—1896年,布面油画
117 厘米 × 89.5 厘米（46$\frac{1}{8}$ 英寸 × 35$\frac{1}{4}$ 英寸）
奥赛博物馆,巴黎

  法国小说家兼艺术评论家古斯塔夫·热弗鲁瓦坐在他的书房。书桌上堆满了打开的书,其身后的书架上也塞满了书。其中有些书籍摇摇欲坠,勉强保持平衡,另有一些书已经从书架掉落到地板上。热弗鲁瓦是最早研究印象主义的历史学家,也是最早一批正面评价塞尚（1839—1906年）作品的评论家之一。在一次答谢展览上,塞尚主动提出为热弗鲁瓦绘制一幅肖像画。在1895年的三个月时间里,这位艺术评论家每天都在巴黎的家中摆姿势让画家作画。然而,塞尚对结果并不满意,他在未完成这件作品的情况下突然离开了巴黎。有人猜测两人之间的关系恶化,但鲜有证据证实这一点。有趣的是,塞尚在这三个月的时间里将大部分精力用在描绘书房里的书籍,而模特的脸和手仍处于半成品的状态。尽管这件作品被塞尚抛弃了,但是在艺术家死后,这幅肖像画仍被人们津津乐道。尤其是立体主义画家对这幅画中的几何结构颇感兴趣：多角度透视以及书架与散落书籍之间的关系。因此,人们将这幅画更多地视为对热弗鲁瓦书房的一个研究,而不是对艺术评论家本人的研究。

静物书籍

扬·利文斯

约1627—1628年,面板油画
91 厘米×120 厘米（35⅞ 英寸×47¼ 英寸）
荷兰国家博物馆,阿姆斯特丹

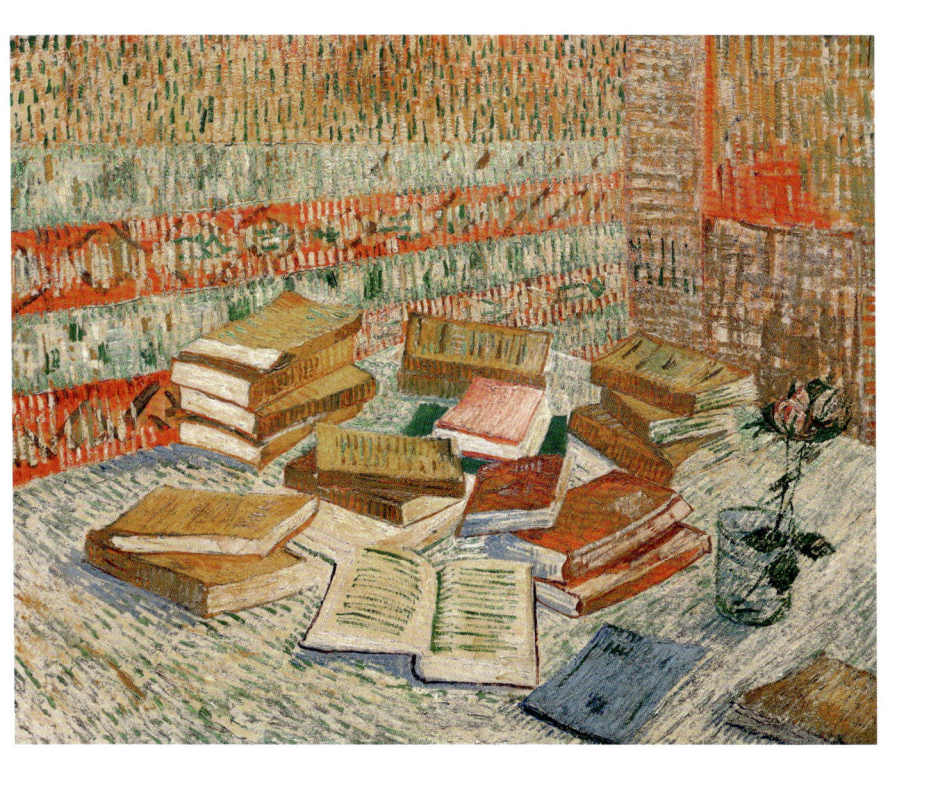

静物：法国小说和玫瑰
文森特·凡·高
1887年，布面油画
73 厘米×93 厘米（28$^{3/4}$ 英寸×36$^{5/8}$ 英寸）
私人收藏

受困
理查德·贝克

2010年,布面油画
101.6厘米×152.4厘米(40英寸×60英寸)
私人收藏

静物：古书

查理·伊曼纽·比塞

17世纪晚期，布面油画
52 厘米×60.5 厘米（$20\frac{1}{2}$ 英寸×$23\frac{3}{4}$ 英寸）
布雷斯地区布尔格美术馆，法国

家

米勒·拉格斯

2011年，叠加的书籍，180厘米×400厘米（直径）（70⅞英寸×157½英寸）
芒南·梅茨美术馆装置图，纽约

这个未完工的圆顶冰屋全部采用废弃的美国海军基地图书馆的书籍建造而成。拉格斯（生于1973年）以书籍替代砖块，将体量大的书籍摆放在底部，体量较轻的书籍累加在上面直到顶部，通过层层平铺，小心翼翼地将它们打造成圆顶形状的建筑。每本书籍的切口朝外，建筑外部看上去像是泛黄的纸壳，而内部是由不同装订形式的封面组成。整个圆顶冰屋只有内部的书脊是可读的。在这几百本书籍中，有外文词典、医学参考书、地理学著作和心理学著作。对拉格斯来说，圆顶小屋代表着古老的知识传递场所。从传统来讲，圆顶冰屋是北美和格陵兰岛上因纽特人世代传递智慧的场所。同时，它也是居住、庇护以及社交之所。然而，这种由纸和卡纸组成的自我支撑结构是非常脆弱的：这里使用的书籍没有一本是黏住或固定住的，只依赖它们自身的重量固定在一起。拉格斯试图通过这种方式表明知识不仅处于微妙的平衡之中，而且也包含了信息和控制系统。

当代

艾丽西亚·马丁

2000年，书籍装置，多种尺寸
奥利娃·阿劳纳美术馆装置图，马德里

大量的书籍似乎从美术馆破壁而出，散落一地。这股书籍洪流或许来自隔壁房间，那里堆满了平装书和精装书，直至再也不能容纳更多。这些书籍继而聚集成一股不可控制的力量，像洪流一般涌向房间。马丁（出生于1964年）以书籍为雕塑素材，经常创作出如急流般涌入或涌出建筑物的艺术作品。然而，这位西班牙艺术家基于特定场所的这种装置艺术并不是在歌颂书籍，相反，它们是在警示一种信息过度饱和的文化。尽管马丁认识到书籍是一个健康社会非常重要的组成部分，但是她也看到了书籍作为一种破坏性力量所具有的潜能。她警告，过量的信息会导致社会崩溃。埃德加·爱伦·坡在1836年也发出过类似的警示，他写道："每个知识领域的书籍大量复制，将是这个时代最大的罪恶之一。"对于爱伦·坡而言，信息泛滥使得追求真理越发困难。这种情况在我们这个时代甚至更加糟糕。

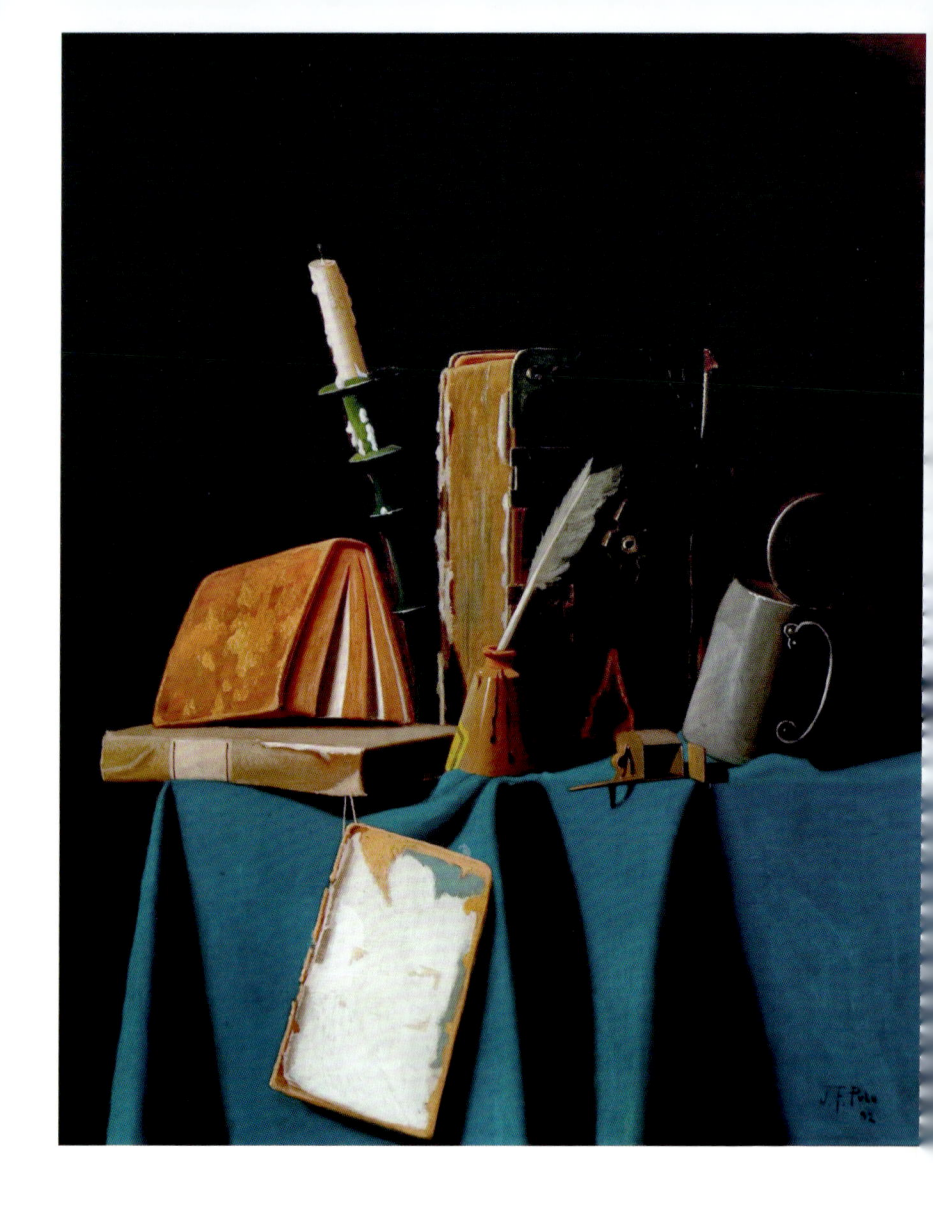

作家的桌子：一个危险的时刻
约翰·弗雷德里克·皮托
1892年，布面油画，69.9厘米×56.5厘米（27½英寸×22¼英寸）
私人收藏

书籍装订商德瓦提恩斯

阿方斯-朱尔·德巴纳

19世纪，布面油画，40.5 厘米×32.6 厘米（16 英寸×12⅞ 英寸）

里尔美术馆，法国

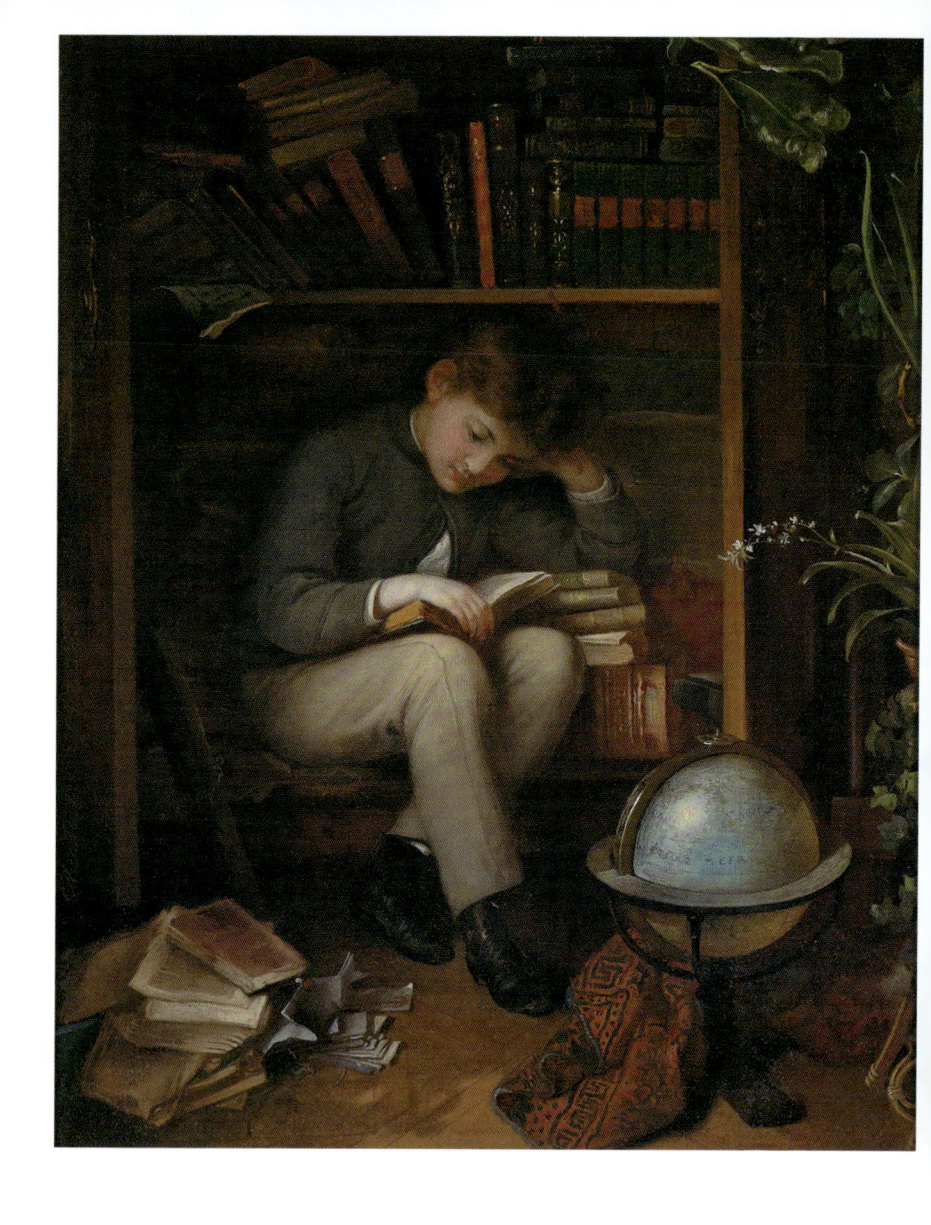

小书虫

爱德华·斯沃博达

19世纪，布面油画置于卡纸上
47 厘米×38.5 厘米（18½ 英寸×15⅛ 英寸）
私人收藏

书虫

卡尔·施皮茨韦格

约1850年，布面油画
49.5厘米×27.7厘米（19½英寸×10⅞英寸）
私人收藏

图书室里的约翰·福斯特

爱德华·马修·沃德

约1850年,布面油画
63.5 厘米×76.1 厘米(25 英寸×30 英寸)
维多利亚与阿尔伯特博物馆,伦敦

在图书馆
路德维希·瓦伦塔
20世纪早期,面板油画
23.5 厘米×29 厘米(9¼ 英寸×11⅜ 英寸)
私人收藏

雨果·科勒博士
埃贡·席勒
1918年，布面油画
140.3 厘米 × 110 厘米（55¼ 英寸 × 43¼ 英寸）
美景宫，维也纳

　　画面中看不到书架，雨果·科勒坐在他的书房里，四周是一大堆杂乱的书籍。他被各种大小的古书包围着，这些书堆放得如此之高，甚至高过科勒博士的椅子。确实，这位实业家兼艺术赞助人看上去几乎被自己的藏书淹没了。席勒（1890—1918年）在死于流感前不久创作了这件作品，他显然非常喜欢科勒所痴迷的物品。席勒以颜色和质感描绘各种皮革和牛皮纸装订的书籍以及着色的切口，制造出一种斑驳的效果。尽管科勒博士藏书丰富，据说有上千部之巨，但是席勒只展示了其中一小部分。科勒杂乱的藏书表明，这位爱书人从阅读书籍中获得的快乐要远甚于收藏书籍，席勒所描绘的科勒博士膝盖上那本打开的书足以证明这一点。然而无法从画面中获知此书到底关乎何种主题，或许是关于医药、数学，抑或物理，科勒博士曾在他的电化学领域里系统性研究过这些主题。

"当心,别被书籍淹没!一盎司的爱值一英镑的知识。"

——约翰·卫斯理(1703—1791年)

跟他学
王庆松
2010年，彩色合剂冲印
130 厘米×300 厘米（51 1/5 英寸×118 1/8 英寸）

列夫·托尔斯泰肖像
伊利亚·叶菲莫维奇·列宾
1881年，布面油画
124 厘米×88 厘米（48¾ 英寸×34⅝ 英寸）
特列季亚科夫画廊，莫斯科

阅读者

奥迪隆·雷东

1892年，平版印刷

30.9厘米×23.7厘米（12英寸×9英寸）

现代艺术博物馆，纽约

圣安德鲁

卡洛·克里韦利

1476年,杨木板蛋彩画,61厘米×40厘米(24英寸×15¾英寸)

英国国家美术馆,伦敦

基督的祝福

乔瓦尼·贝利尼

1459年,木板蛋彩画
58 厘米×46 厘米（22$\frac{3}{4}$ 英寸×18$\frac{1}{8}$ 英寸）
卢浮宫,巴黎

克劳德·莫奈

皮埃尔-奥古斯特·雷诺阿
1873—1874年，布面油画
65 厘米×50 厘米（25$^{5}/_{8}$ 英寸×19$^{5}/_{8}$ 英寸）
美国国家美术馆，华盛顿特区

猴子古董商
让-西梅翁·夏尔丹
约1726年，布面油画
81厘米×64.5厘米（31$\frac{7}{8}$ 英寸×25$\frac{1}{4}$ 英寸）
卢浮宫，巴黎

里顿·斯特拉奇
多拉·卡林顿
1916年，面板油画
50.8 厘米×60.9 厘米（20 英寸×24 英寸）
英国国家肖像馆，伦敦

一个年轻男子在烛光下读书

马蒂亚斯·斯托姆

约1630年,布面油画
58.5厘米×73.5厘米(23英寸×29英寸)
瑞典国家博物馆,斯德哥尔摩

灯光下阅读

詹姆斯·阿博特·麦克尼尔·惠斯勒

约1859年，蚀刻版画
20.3 厘米 × 15.9 厘米（8 英寸 × 6¼ 英寸）
洛杉矶艺术博物馆，洛杉矶

油灯

皮埃尔·勃纳尔

1898—1900年,面板油画
55.3厘米×51.8厘米（21³⁄₄英寸×20³⁄₈英寸）
菲茨威廉博物馆,剑桥

克里斯蒂安在看书

出自约翰·班扬的《天路历程》

威廉·布莱克

约1824年，水彩画，尺寸不详
弗里克收藏馆，纽约

一个负重前行的驼背男人正在研究一本打开的书。这个男人是约翰·班扬《天路历程》（1678年）中的主人公克里斯蒂安。《天路历程》是英语文学史上读者最广泛、最具影响力的书籍之一。布莱克（1757—1827年）描绘了朝圣者面带绝望的表情，从毁灭之城启程前往天堂之城的史诗般的旅程。这幅水彩画是布莱克在去世前不久计划为班扬的小说创作的28幅插图之一，但这个计划最终没能完成，而这些画直到1941年才用在班扬的小说中。

《天路历程》意为精神之旅，是一则有关基督徒的寓言，揭示追求真理的人在圣书的指引下，从人间到达天堂的探寻之旅。尽管不能清晰地看到画中所绘书本的题名，但是人们一直认为此书便是《圣经》，因为克里斯蒂安声称此书是由"不会撒谎的圣人所作"（比如上帝）。《圣经》对布莱克来说是极其重要的创作灵感源泉。在这件作品中，克里斯蒂安与年轻时的艺术家有着相似之处，这也表明了他把自己与班扬笔下的朝圣者紧密地联系在一起。

伊斯兰学者

艺术家不详（莫卧儿流派）

17世纪晚期，10.6 厘米×6.7 厘米（4 1/8 英寸×2 5/8 英寸）
伊斯兰艺术博物馆，隶属于柏林国家博物馆，柏林

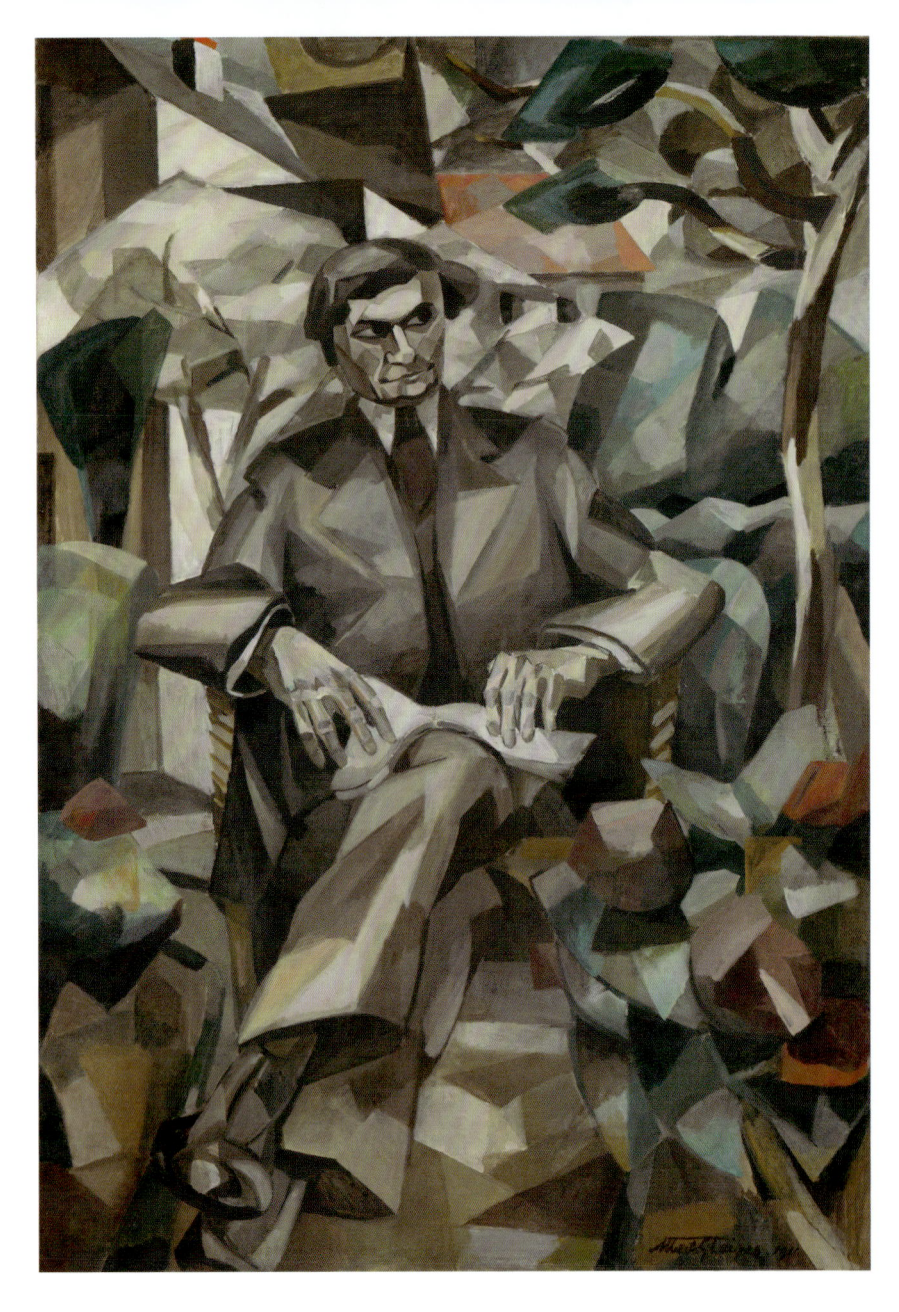

雅克·奈拉尔肖像

阿尔伯特·格列兹

1911年，布面油画，161.9 厘米 × 114 厘米（63¾ 英寸 × 45 英寸）

泰特美术馆，伦敦

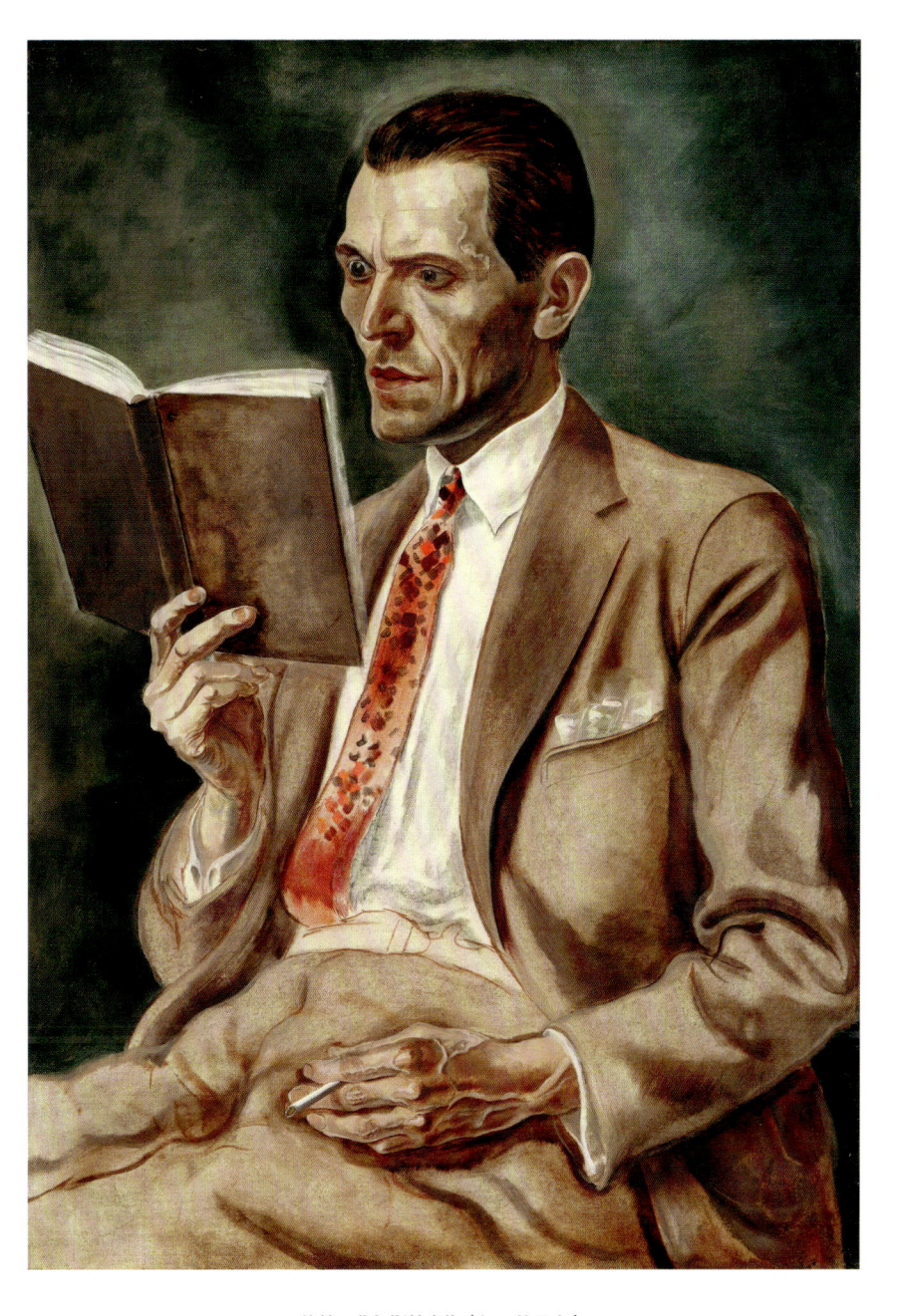

约翰·弗尔斯特肖像（假眼的男人）
乔治·格罗斯
1926年，布面油画，104厘米×73.7厘米（41英寸×29英寸）
私人收藏

纳吉布·汗肖像
艺术家不详（莫卧儿学派）
17世纪早期，蛋彩画
31.4 厘米 × 20.5 厘米（12 3/8 英寸 × 8 英寸）
艾尔米塔什博物馆，圣彼得堡

乌戈利诺·马尔泰利肖像
阿尼奥洛·布龙奇诺
1536—1537年，杨木板油画
102 厘米×85 厘米（$40\frac{1}{8}$ 英寸×$33\frac{1}{2}$ 英寸）
柏林画廊，柏林国家博物馆，柏林

"优秀的作家和以前一样多,问题是好读者太少了。"

——戈尔·维达尔(1925—2012年)

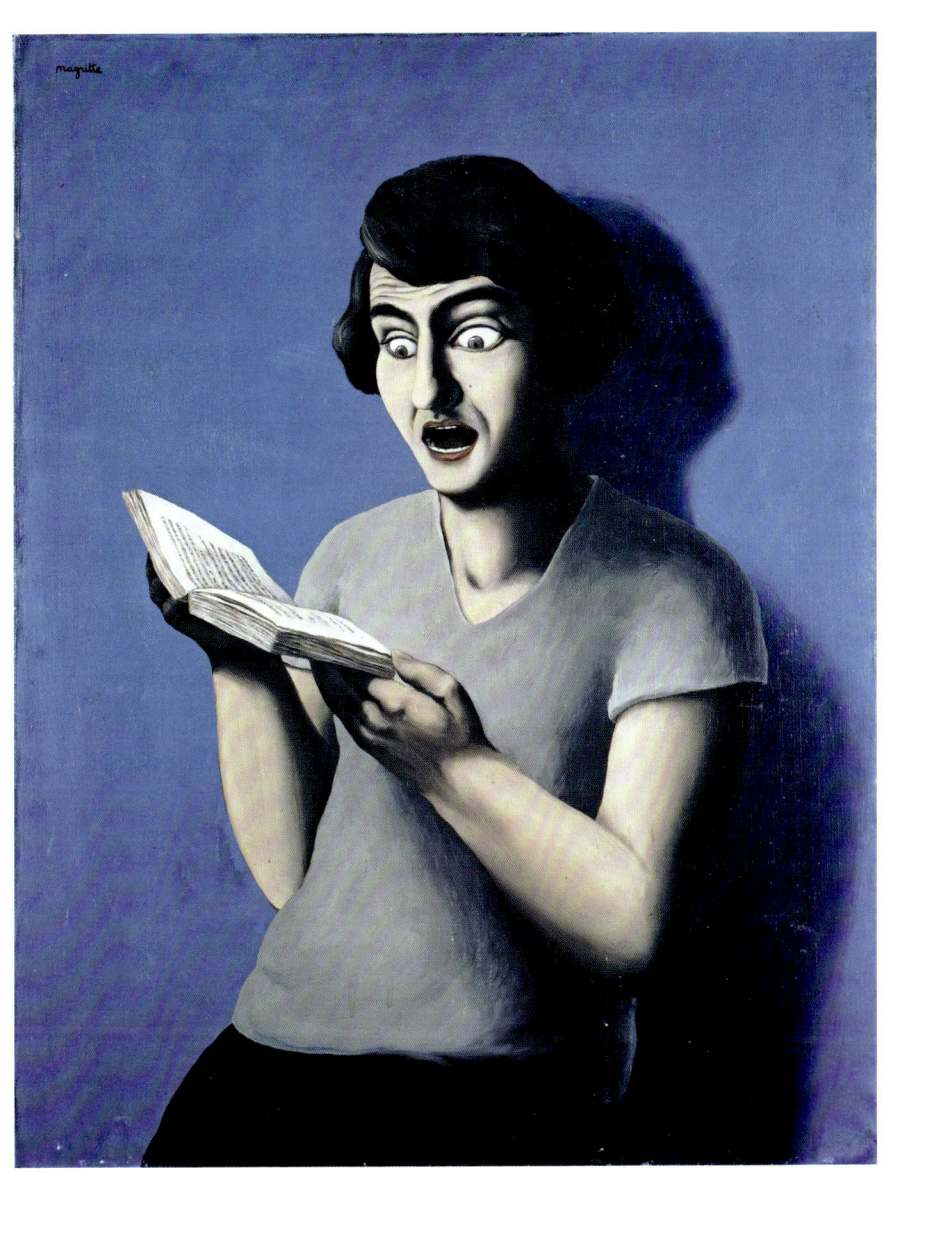

被征服的读者

勒内·马格利特

1928年,布面油画
92 厘米 × 73 厘米（$36\frac{1}{4}$ 英寸 × $28\frac{3}{4}$ 英寸）
阿布扎比卢浮宫,阿联酋

给智者的建议——随身携带一本书解解闷
出自《生活》杂志

查理·达纳·吉布森

1900年，卡纸上半色调平版印刷
28.9 厘米 × 43.5 厘米（11$\frac{3}{8}$ 英寸 × 17$\frac{1}{8}$ 英寸）

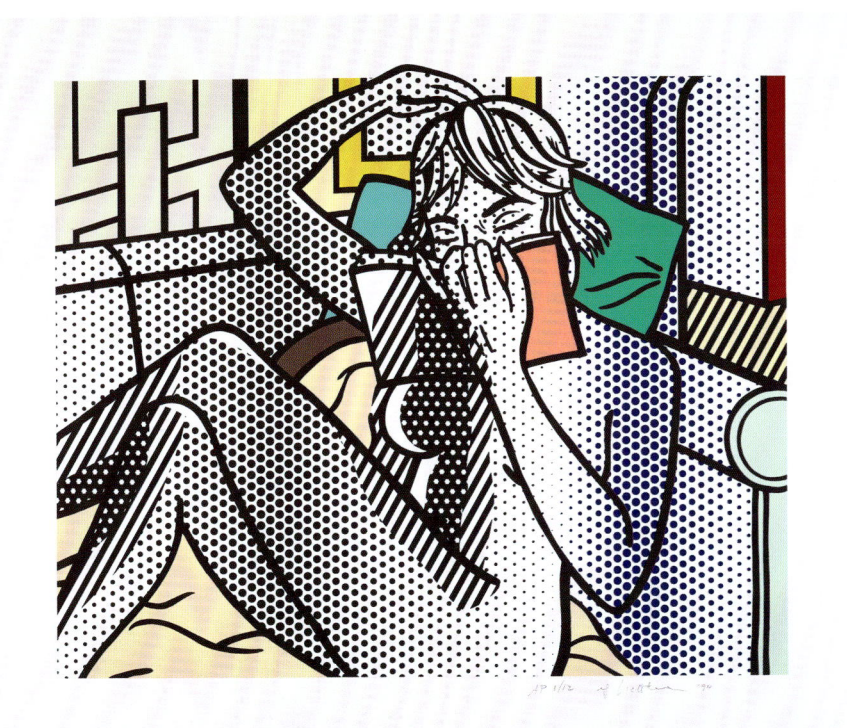

阅读的裸女
罗伊·利希滕斯坦
1992年，纸上凸版印刷
77.8 厘米×92.2 厘米（30½ 英寸×36⅓ 英寸）
泰特美术馆，伦敦

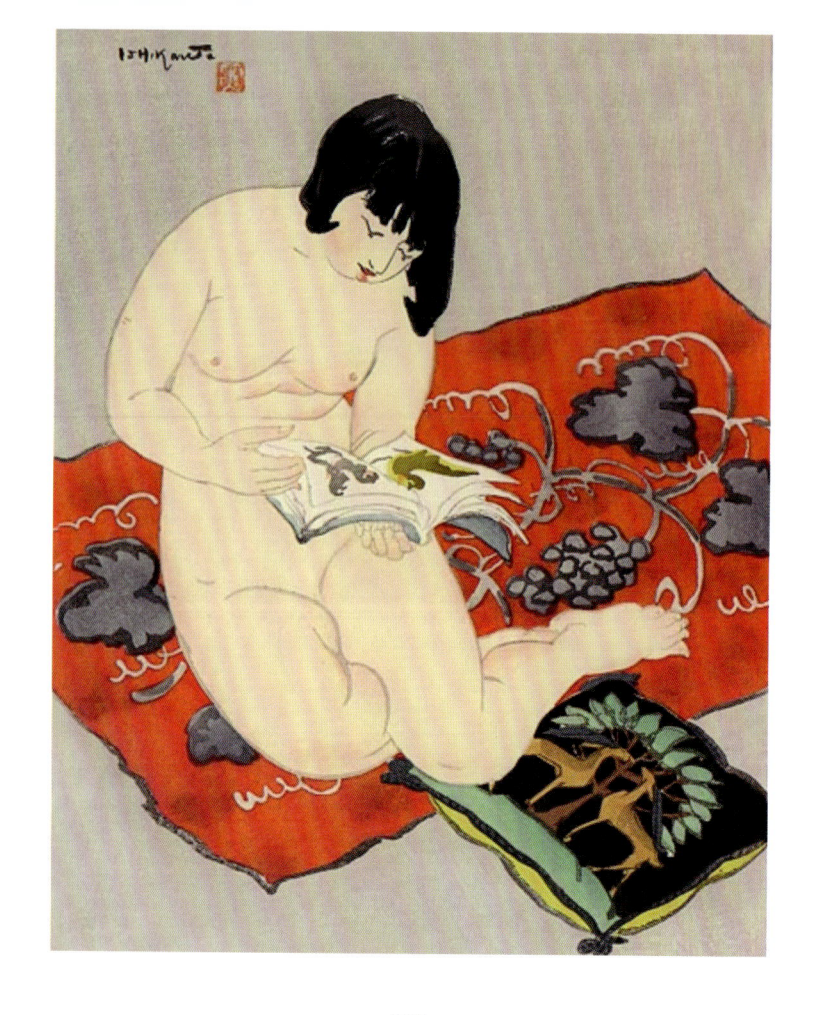

阅读

出自"十种女性裸体"系列

石川寅治

1934年，彩色木版，48厘米×37厘米（$18^{7/8}$英寸×$14^{1/2}$英寸）

维多利亚国家美术馆，墨尔本

　　一个裸体女子悠闲地坐在地毯上，全神贯注地看着画报。从她时尚的发型、所选择的读物以及非传统的家居装饰，可以看出她是一位日本摩登女郎，即moga，这是日本对那些钟爱西方时尚和品位的独立年轻女性的称谓。moga兴起于20世纪20年代，她们拥抱欧美年轻人的生活方式和生活态度，以此来挑战日本的传统文化。这一时期日本女性的识字率有所提升，这反映在日本女性杂志变得越来越多。石川寅治（1875—1964年）的这件木版画是他的"十种女性裸体"系列之一，内容涉及新文学主题。在这个系列里，每幅版画都描绘了一个身处私宅里的体态丰满的年轻女子。紧凑的构图制造出与对象之间的亲密感，这也增加了这一系列版画作品被人所诟病的色情气氛。这一系列意在尝试将日本传统的"美人绘"融入新版画艺术运动的风格，以此寻求将日本的传统艺术与西方现代艺术如印象主义融为一体。然而，这一系列版画引起了极大的争议，立即遭到日本当局的禁止。

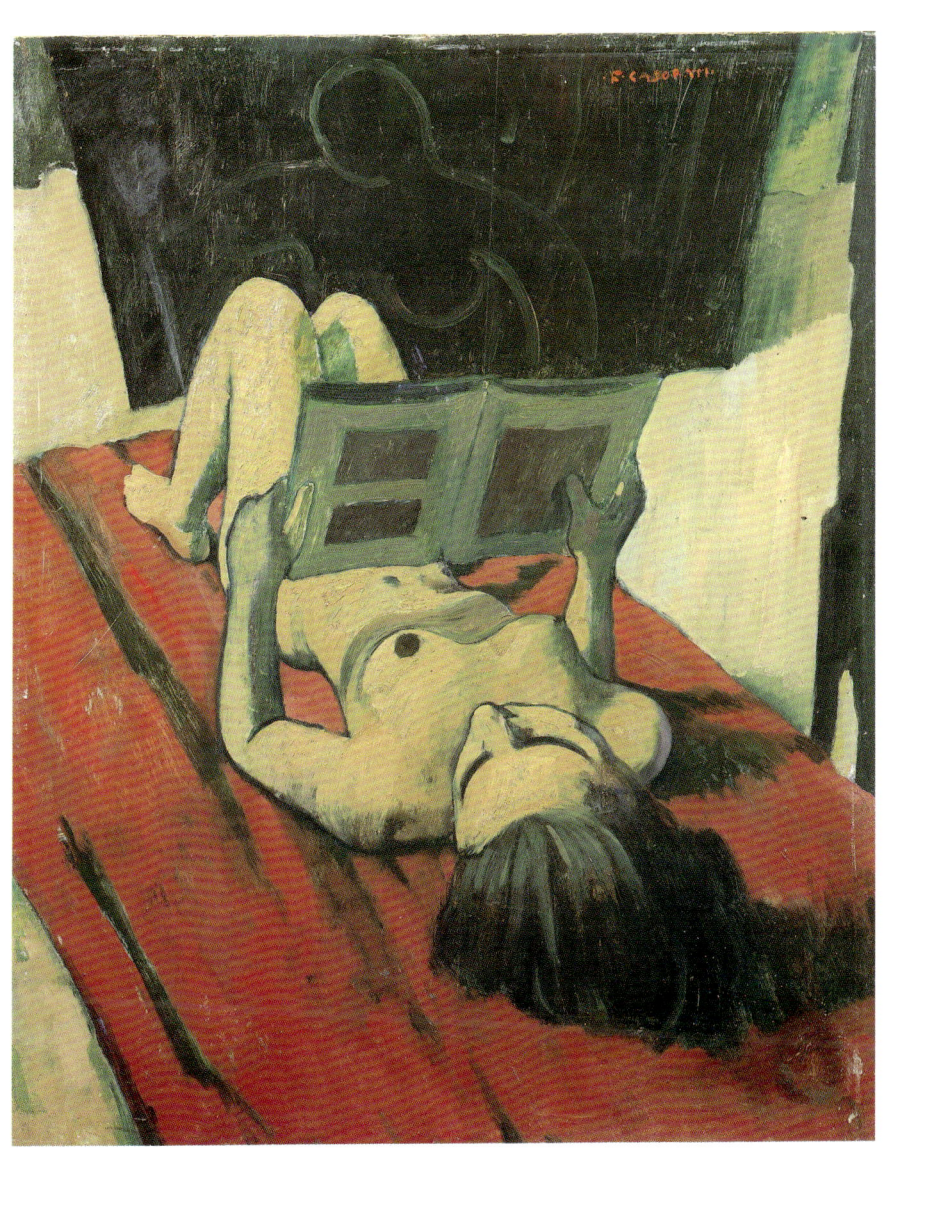

斜躺着看书的裸女

费利切·卡索拉蒂

约1943年,面板油画,50厘米×40厘米(19⅝英寸×15¾英寸)
私人收藏

"要是我有点钱，就用来买书；
要是还剩点钱，再买食物和衣服。"

——鹿特丹的伊拉斯谟（1466—1536年）

鹿特丹的伊拉斯谟

阿尔布雷特·丢勒

1526年，帘纹纸雕刻版画，24.5厘米×19厘米（9⅝英寸×7½英寸）
维多利亚与阿尔伯特博物馆，伦敦

  这幅精细的半身像刻画了著名的人文主义者、天主教神学家鹿特丹的伊拉斯谟（1466—1536年）站在书桌前用芦苇笔写信的情景。前景的书架上摆着几本书，显示出伊拉斯谟在知识和文学旨趣上享有国际盛名。打开的一册书籍或许是他笺注的希腊和拉丁谚语集《箴言录》（1500年）。然而，他最具影响力的出版物是《一切新的教导》，即首部希腊文《新约》（1516年）。《一切新的教导》也称为《公认文本》，此译本为宗教改革中的白话文版《新约》提供了文本基础。1520年和1521年，伊拉斯谟在荷兰与丢勒（1471—1528年）会面后，委托丢勒制作了这件版画。尽管这幅版画是这位学者最为人所熟知的肖像画，但是它与伊拉斯谟本人的真实面貌显然有差距。伊拉斯谟对这幅版画多有微词，但是他还是允许版画复本流通。在他身后的墙壁上有一段拉丁语和希腊语题词，像绘画一样被装裱起来，上面写着："这件鹿特丹的伊拉斯谟画像是阿尔布雷特·丢勒的写生之作。伊拉斯谟的著作比起画像来更能展现其为人。"这幅版画是艺术史上在体现学术复杂性方面最丰富的描绘之一。

小贩
艺术家不详（法国画派）
17世纪，布面油画，85厘米×72厘米（33½英寸×28⅜英寸）
私人收藏

　　画面中的流动书贩身上挂着一个装满廉价书籍和印刷小册子的篮子，手里举着最新的商品。诸如此类的书贩子在17世纪的欧洲乡村地区随处可见。他们俗称"小贩"，是1600年至1850年间流行印刷品最重要的经销商。他们从一个乡村到另一个乡村，在集市广场、酒馆、露天田野，有时甚至挨家挨户叫卖他们的商品。在这一时期，最新的书籍能以最快的速度出现在市场上；畅销故事书、时评、政治和宗教小册子、年历、歌本等都经小贩之手分销到各地，他们对非城市地区图书贸易的发展起到了非常重要的作用。英国和荷兰的创业型出版商极其依赖流动小贩在社区兜售他们的商品，因为他们难以接触城镇里的老牌书商。同时，小贩还有助于传播革命思想。因此，他们越来越受到当权者的怀疑，当权者试图对他们的行为加以管制，有时甚至压制他们的活动。

斯特兰德书店
马克斯·弗格森
2010年,面板油画
40.6 厘米×55.9 厘米(16 英寸×22 英寸)
私人收藏

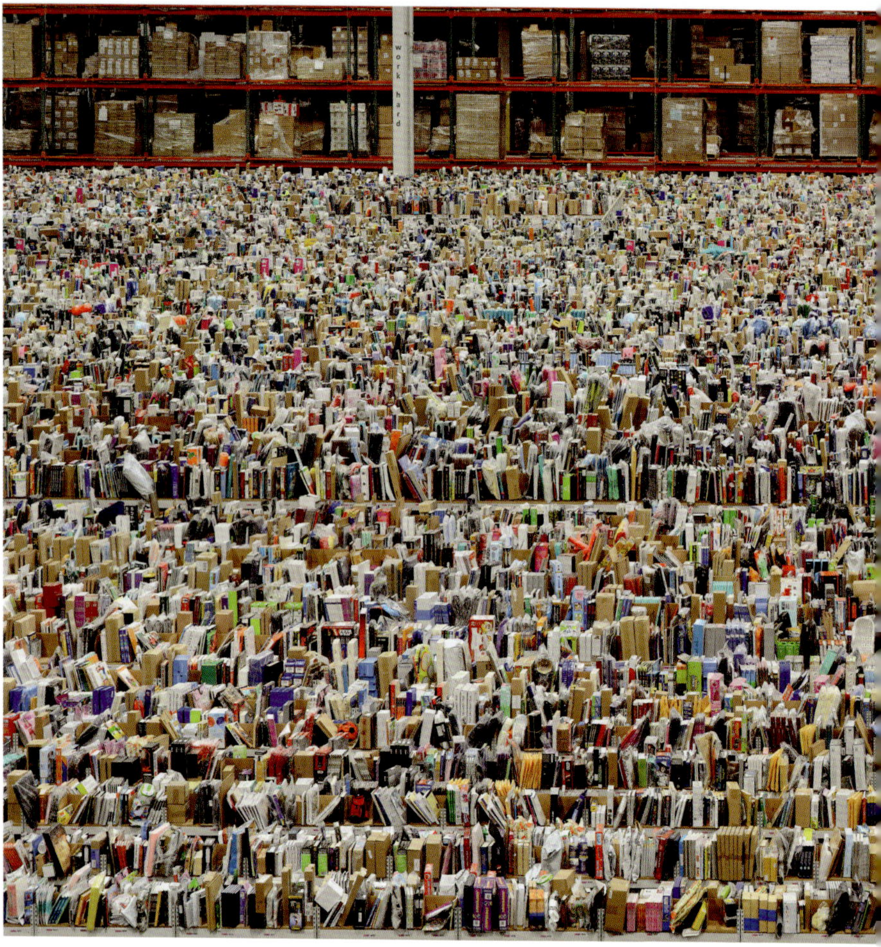
work hard

亚马逊

安德烈亚斯·古尔斯基

2016年,彩色合剂冲印
207 厘米×407 厘米×6.2 厘米
(81½ 英寸×160¼ 英寸×2½ 英寸)

在亚马逊位于亚利桑那州菲尼克斯9.29万平方米的仓库里,犹如汪洋大海的商品却只是亚马逊库存极小的一部分。画面场景中除了书籍,还有成千上万其他商品,比如软玩具、马克杯、墨盒、拳击手套以及电子产品。古尔斯基(生于1955年)以精细、大尺幅照片记录现代世界的方方面面,并因此而闻名。在这件摄影作品中,他将镜头置于仓库高处,俯视一排排塞满商品的货架。所有商品都不是按照字母顺序或按产品类型进行码放,而是计算机基于消费者的消费模式计算后排列而成。订单提货员依赖机器从眼花缭乱的货架上找到产品,而货架的排列是为了尽可能快地检索到商品。图书成就了今天的亚马逊,但照片上所展示的五花八门的商品也反映了这家大型零售商自1995年成为世界上第一批在线书商以来的多元化程度。它当时的商业目标是在互联网上提供最广泛的书籍选择,很显然,如今它想要提供全球最好的商品选择。

希恩泰克斯博士和书商

出自威廉·库姆的《校长之旅》

托马斯·罗兰森

1812年，纸上铜版画

11厘米×19厘米（4⅜英寸×7½英寸）

小说中的校长希恩泰克斯博士正在和一位心不在焉的书商争论，因为书商拒绝出版他的旅行日志。希恩泰克斯博士指着他的书稿，试图让书商相信此书的潜力；颇具喜剧性的是，书稿刚好可以摆在书商鼓出的肚子上。在他们身后，有一位肥胖的绅士站在梯子上，把书扔到一位年轻男子的头上，而书商的妻子则不以为然地看着眼前的场景。这幅由罗兰森（1756—1827年）创作的插图是19世纪初他为《诗学杂志》创作的众多作品中的第一幅。这些插图以《校长之旅》为题，配以威廉·库姆的打油诗发表在杂志上。由于这一系列插图广受喜爱，1812年被汇编成书。这些插图的创作理念是模仿威廉·吉尔平插图旅行书所倡导的"风景如画之旅"现象。在吉尔平理念的启发下，旅行者游遍英国的风景名胜以寻找"风景如画"。模仿者为了复制吉尔平的成功，将大量二流复制品投入市场。插图中的书商不愿出版希恩泰克斯的旅游指南书，反映了这时期的旅游书市场已经过度饱和。罗兰森在创作希恩泰克斯博士系列时，并不是在嘲笑旅行者，而是在嘲笑那些利用出版业潮流牟利之人。

距离最后一章还有：366天

塞巴斯蒂安·戈尔丁

2011年（局部），木材、饰面薄板、玻璃、青铜和发光二极管
53厘米×159厘米×151厘米（$20^{7/8}$英寸×$62^{1/2}$英寸×$59^{1/2}$英寸）
加夫列尔·巴斯克斯收藏馆，布宜诺斯艾利斯

画面中的图书馆遭遇了一场空前灾难。书架上的书籍犹如多米诺骨牌一般倒下，散落一地。这个微缩场景像电影剧照一样凝固在一个玻璃展柜里。书籍悬浮在半空中，地板正在塌陷。观者同时扮演着偷窥者和侦探的角色，猜测这个微缩世界正发生的灾难背后的神秘原因。戈尔丁（生于1969年）以小型木制雕塑作品而闻名，他的作品着意于刻画紧张、戏剧化与迫在眉睫的威胁共存的时刻。然而，在这种微妙的语境下，体验他的作品犹如半道进入一个故事。这位艺术家创作了几件以书籍为主题的作品，回应他扎根于布宜诺斯艾利斯的故土之情，这座城市的人均书店数量比其他任何一座城市都要多。尽管阿根廷拥有丰富的文学遗产，但它也是一个有审查制度的国家。1976年至1983年，统治阿根廷的军政府禁止并销毁了一大批书籍。尽管戈尔丁并不是一位政治艺术家，但是在这些作品中，我们不难看出他对自己成长于文化压制时代的微妙暗示。

"你把一本书卖给一个读者时,你卖给他的不是价值12盎司的纸、墨和胶水,而是一个全新的生活。"

——克里斯托弗·达林顿·莫利(1890—1957年)

安特卫普的古董店
仿艾伯塔斯·沃思作品

艺术家不详

约1890年,木刻版画
17.7厘米×17.7厘米(7英寸×7英寸)

街头书商

"中国上海"系列之一

亨利·卡蒂埃-布列松

1949年,明胶银色印刷

一个身穿体恤和短裤的中国青年在上海街头市场上一边享受着夏日阳光,一边沉浸于书中。在他所处的政治和社会动荡的年代,他所选择的读物为其带来了片刻的安慰。卡蒂埃-布列松(1908—2004年)在作为摄影记者期间拍摄了这张照片,当时他负责报道中国解放战争结束后的实况。他在记录下毛主席率领的军队解放北京后,飞往上海,用镜头记录下中国人民解放军接管中国最大城市时的情景。这是中国现代历史上一个重要的转折点。卡蒂埃-布列松用镜头记录下很多重大事件,比如货币崩溃引发的恐慌、中国共产党的庆祝游行场景等。不过,布列松也记录日常生活。照片中这个年轻人的生活即将发生重大变化。

书奴1号

张晓刚

2013年，纸上油画
40 厘米×30 厘米（15¾ 英寸×12 英寸）

在这幅梦幻般的作品中，描绘一个身穿蓝色裤子的男人局促地坐在扶手椅上睡着了。一本敞开的大尺幅书本犹如一套中世纪的枷锁将他束缚，使得他手脚都无法动弹。从表面上看，这个男子深受书籍的影响，书里的内容已经占据了他的大脑。明亮的黄色灯光照在他的脸上，表明审讯即将开始，尽管他究竟要向何人交代、交代什么，我们无从知晓。这一超现实的场景是张晓刚（生于1958年）几幅探索颠覆性文学主题所采用的类似场景作品之一。书籍可以给读者带来愉悦、启迪，甚至解放心灵，但是如果不加批判地吸收，也会奴役一个人的思想。张晓刚是当代中国极具影响力的艺术家。

欧盟

乔纳森·卡伦

2006年，纸张

44厘米×31厘米×6厘米（$17^{3/8}$英寸×$12^{1/4}$英寸×$2^{3/8}$英寸）

卡伦（生于1961年）像一个地质学家从地壳中提取岩心样本一样，在一本书上钻孔，书页上留下了很多洞口，犹如瑞士奶酪。尽管书在结构上有所损坏，但是仍可翻阅。在这件作品中，打开的书页包括几张有关瑞士的照片，考虑到作品的题名，就颇显讽刺意味：这个国家是少数几个没有加入欧盟的国家之一，这个组织是由近30个国家组成的政治和经济共同体。这些洞口可视为遭遇袭击后留下的痕迹，也可作为共同的历史连接起每个页面。卡伦创作这件雕塑作品的部分原因是为了回应有关欧盟优劣势的激烈讨论。这些争论一直延续到今天，十年后，最为激烈的回应是英国的"脱欧"决定。卡伦并不是一位政治艺术家，他只是将这些问题视为潜台词而已，因为他主要的兴趣是书籍的物质性。他采用各种方式对出版物进行切割、钻孔、刮擦以及腐蚀处理，只是为了突出印刷书籍的物质性和局限性。

冯杜山

威廉·科宾

2014年，釉面陶瓷
74 厘米 × 49 厘米 × 3 厘米（29 1/8 英寸 × 19 1/4 英寸 × 1 1/8 英寸）

圣约翰吞食书籍
出自《启示录》

阿尔布雷特·丢勒

1498年，木刻，39.6 厘米×28.7 厘米（15¾ 英寸×11¼ 英寸）
美国国家美术馆，华盛顿特区

圣约翰张着嘴，从一位散发着荣光的天使手中接过一本书，开始啃起来。这件木刻作品描绘了《启示录》（也称为《世界末日》）里的一个片段，记录了圣约翰对于世界末日精彩而又恐怖的幻想。在第十章中，作者写到，基督命令他从一个天使那里取一本书，并在天使的指示下将书籍吃掉，"在这个过程中，他会感到肚子难受，但口中却甜如蜜"。这句话的本意是说圣约翰要将天使的话语内化，并将这则有关人类命运的信息传达给人类。然而丢勒从字面上理解这段话，描绘了圣约翰吃书的场景。在公元1500年前，人们普遍认为世界末日终将到来，于是《启示录》这一主题变得越来越受欢迎。丢勒《启示录》出版于1498年，由15件生动、间或有些恐怖的木刻作品组成，描绘了天启的各种情形。由于这组作品捕捉到了弥漫在时代里的恐怖气息，因此销量可观。今天这组作品被认为是版画史上最重要的作品之一。

艺术与文化

约翰·莱瑟姆

1966—1969年，一个皮箱，内含书籍、信件、复印资料以及盛有烟灰和烧焦纸页的带标签小瓶
皮箱关闭尺寸：7.9厘米×28.2厘米×25.3厘米（3¹⁄₈ 英寸×11¹⁄₈ 英寸×10 英寸）
现代艺术博物馆，纽约

在一个敞开的公文包上有一册美国艺术评论家克莱门特·格林伯格的艺术评论集《艺术与文化》（1961年），包内装有玻璃器皿、信件和复印件。这些物件是导致莱瑟姆（1921—2006年）丢掉工作的激进行为所残留的道具。他反对格林伯格的现代艺术观念，尤其是这位评论家对绘画形式内容的强调。1966年，莱瑟姆从他任教的伦敦圣马丁艺术学院图书馆借来一本《艺术与文化》，并在其私宅中组织了一次名为"蒸馏与咀嚼"的活动，请受邀的客人撕下书页，嚼碎，然后放入一个蒸馏瓶中。莱瑟姆宣称格林伯格的著作毫无滋味，且难以消化，说罢在这些纸浆中加入化学物质和酵母存放了一年。当学校图书馆向他下达书籍过期归还通知单时，他将此书的残页装进一个贴有"艺术与文化"的玻璃小瓶里，归还给图书馆。校方没有与他签订续聘合同。自这个观念性作品之后，书籍及其毁灭便成为莱瑟姆作品中一个非常重要的主题。

书籍砌成的帕台农神庙
玛尔塔·米努金
1983/2017年，金属脚手架、书籍、塑料，约10米×70米×30米（约32$\frac{7}{8}$英尺×229$\frac{5}{8}$英尺×98$\frac{3}{8}$英尺）
资料14中的装置视图
卡塞尔，德国

这座与原建筑大小一致的帕台农神庙复制品是用成千上万册经过审查的书籍打造的。在米努金（生于1943年）看来，雅典卫城的这座古希腊神庙是与世界上第一个民主制国家的政治理念息息相关的有力象征。这些由公众捐赠的书籍在不同的时期、在世界的不同地方均被列为禁书。这些书籍的作者包括贝尔特·布莱希特、阿尔贝特·爱因斯坦、安妮·弗兰克、弗朗茨·卡夫卡、哈珀·李、卡尔·马克思、乔治·奥威尔、马克·吐温、列夫·托尔斯泰及萨尔曼·拉什迪等。其中很多禁书现如今已是公认的世界文学经典著作，然而它们被包裹在塑料中，挂在庞大的钢铁结构上。米努金将这座纪念民主和自由言论的神庙建在了世界上最古老的公共博物馆、曾经的卡塞尔城市图书馆——弗里德里希博物馆前面。1933年，就在这个地方，纳粹党发动了一场全国范围内的反对"非德国精神"运动，约有2000册书籍在这次运动中被焚烧。这是米努金第二次打造这样的书籍殿堂，第一次是1983年在她的家乡布宜诺斯艾利斯，当时她使用了阿根廷军事独裁时期的主题。

客厅

巴尔蒂斯

1942年，布面油画
114.8 厘米 × 146.9 厘米（45¼ 英寸 × 57⅞ 英寸）
现代艺术博物馆，纽约

禁书3号

刘野

2010年，布面丙烯
20 厘米×30 厘米（7⅞ 英寸×11¾ 英寸）

一个穿着白衬衫、绿裙子的年轻女子正跪在地板上，沉浸于一本书中。她的姿态让人想起巴尔蒂斯《客厅》（1942年）中读书的女孩，在这件《客厅》作品中，画面里有很多家庭室内细节，但刘野（生于1964年）作品的构图简化为简单的图式。儿童在阅读时往往会采用各种不同寻常的姿势，巴尔蒂斯以一种戏谑的方式充分利用了这一现象。然而，刘野的作品正如其题名所示，显得更为晦涩。从画面中几乎没有线索显示场景所在地，背景中只有简单的、饱和的蓝色和灰色。这个女子看上去很紧张，时刻准备跳起身来。画面的裁剪方式增加了紧张感，而女子隐而不见的脸暗示她可能在躲藏。曾经有一次，刘野发现他父亲收藏的西方文学作品，这次发现在他的这件作品及其他作品中都有所隐射，也极大影响了他在艺术上的发展。

"比焚书更严重的罪行之一便是不读书。"

——约瑟夫·布罗茨基（1940—1996年）

无知

菲尔·肖

2013年，木材、布面、丙烯
187 厘米 × 34 厘米 × 30 厘米（73$^{5/8}$ 英寸 × 13$^{3/8}$ 英寸 × 12 英寸）

埃德蒙·杜兰蒂
埃德加·德加
1879年，亚麻布面水粉画
128 厘米 × 127 厘米（50$^{3/8}$ 英寸 × 50 英寸）
伯勒尔珍藏馆，格拉斯哥

书柜

出自《句号》

汤姆·布克哈特

2004—2005年，纸板丙烯、胶水、木材
183厘米×81.3厘米×25.4厘米（72英寸×32英寸×10英寸）
亚当·鲍姆戈尔德珍藏馆，纽约

一撮鼻烟（拉比）
马克·夏加尔
1923—1926年，布面油画
116.7厘米×89.2厘米（46英寸×35¹⁄₈英寸）
巴塞尔美术馆，瑞士

犹太人关于死亡的玄学

克莱格和古特曼

2004年，多种尺寸
位于犹太人墓地的装置艺术，克雷姆斯，奥地利

这些细长的书架立在奥地利克雷姆斯的犹太人公墓内。这个公墓建于1881年，在纳粹政权对犹太人的肆意屠杀中几乎被完全摧毁。由于墓地损坏过于严重，以致几乎被弃用，直到20世纪90年代中期才进行了全面的修缮。迈克尔·克莱格和亚伊尔·马丁·古特曼（两人都生于1957年）共同完成了这件装置艺术作品。这些书柜是对周围墓碑的一种影射，柜内摆满了有关犹太历史、哲学、宗教律法以及死亡等主题书籍。参观者可以借阅任何他们感兴趣的书籍，也可以捐赠自己的书籍。这件装置作品是艺术家"开放公共图书馆"项目的一部分，自1991年以来，他们在奥地利和德国建立了几个类似的社区图书馆。这些图书馆有的建在户外的街道拐角，有的安置在城市的荒地以及其他非正统的图书馆场地，图书馆里的书籍都是地方社区所赠，面向所有人开放。建立这些图书馆的意图在于激发社会想象力和集体责任感。图书馆没有正式员工，完全依赖公众的诚实和善意维持下去。

"书页在燃烧,文字却在自由飞舞。"

——阿吉巴·本·约瑟(约40—135年)

在亚历山大图书馆焚书

出自《纽伦堡纪事》

迈克尔·沃尔格穆特

1493年,纸上木刻,14厘米×11厘米(5½ 英寸×4⅜ 英寸)

剑桥大学图书馆,英国

大光寺庙被毁
科妮莉亚·帕克

1997年,从被闪电击中的教堂中找回的《圣经》
3.5 厘米 × 36 厘米 × 22 厘米(1$\frac{3}{8}$ 英寸 × 14$\frac{1}{8}$ 英寸 × 8$\frac{5}{8}$ 英寸)

康斯坦丁大帝焚烧阿里乌斯的著书

艺术家不详

约825年，皮纸上素描，尺寸不详
牧师会图书馆，韦尔切利

　　罗马大帝康斯坦丁在两侧士兵的护卫下，在尼西亚会议（325年）上主持焚烧异端邪说书籍活动。300多名基督教主教参加了在土耳其举行的会议，其主要目的是讨论亚历山大教会领袖阿里乌斯那些具有争议性的教义。在坚信耶稣是绝对的神的信众和那些相信耶稣是上帝创造的阿里乌斯派之间存在着很多不安定因素。康士坦丁大帝将基督教合法化，使其成为罗马帝国的官方宗教，并认为教会的团结对社会的稳定至关重要。因此，通过教会建立基督教的正统地位，铲除异端邪说符合他的利益。阿里乌斯的批评者认为，如果基督不是上帝，那么他为赎罪而死则是无效的，因为只有上帝才能宽恕世人的罪孽。尼西亚会议最终达成共识，基督的神性从此成为基督教正统性的根本。此次会议以后，康斯坦丁颁布了一道反对阿里乌斯派的法令，其中包括有系统地焚烧他们的教义。这件画在牛皮纸上的素描展现了抄本被扔进火里的情景。康斯坦丁手里拿着一个卷轴，由此可以反映出书籍在基督教纪元的第一个千禧年里所经历的演变。

圣保罗和在以弗所焚烧异教书籍

卢西奥·马萨里

约1612年，布面油画，193 厘米×277.5 厘米（76 英寸×109¼ 英寸）

私人收藏

书籍被扔进火里，火焰舔舐着书页，还有更多的书籍有待被焚烧，因为此时圣保罗手持剑和十字架正在怂恿推进这场肆意焚书的行动。这幅画的主题来自《圣经》中的《使徒传》。保罗在以弗所传道两年后，看到很多人皈依了天主教。很多皈依者曾经是巫师，认识到异教与基督教信仰之间的不可调和性，他们站出来焚烧自己的神秘卷轴。马萨里（1569—1633年）将保罗安排在画面中心，让其监督焚书过程。一群皈依者围着他，每个人都带来了需要焚烧的书籍。画面左边的皈依者看上去正在争辩他们的经文；另一个驼背的、戴眼镜的人正在对他的咒语做最后的检查。据《圣经》记载，烧毁的书籍总价值达五万德拉马克，而当时一天的平均收入是一德拉马克。尽管这些烧毁的书籍应该是卷轴，但是马萨里将它们描绘为装帧昂贵的书籍，对17世纪的观者而言，这是他们所处时代的书籍。因此，新信徒的信仰远比物质财富更具价值。

圣多明我和阿尔比教派

佩德罗·贝鲁格特

1493—1499年,面板油画,122 厘米×83 厘米(48 英寸×32$^{5/8}$ 英寸)
普拉多国家博物馆,马德里

在圣多明我的注视下,书籍正在被扔进火里。一个仆人在撩拨火苗,另一人在往火里扔书。在围观群众头顶的半空中盘旋着一本孤零零的书,它奇迹般地从火里蹦出来,完好无损。贝鲁格特(1450—1504年)根据一则有关多明我《火的审判》的叙述创作了这幅画,以此彰显真理。这个场景描述了多明我与一个被天主教称为异教徒的基督教修道院教派即阿尔比教派之间的相遇。为了检验这一教派的信仰,含有双方教义的书籍被扔进火里,那些在大火中幸存下来的书籍则是真理之书。根据多明我的叙述,那些异教文献全部被大火吞噬,而多明我的书籍三次从火里飞出来,完好无损。因此,这一奇迹向阿尔比教派证明,他们的教义是错误的。在现实中,这些异教群体意味着对天主教会霸权地位的威胁,其结果便是在整个宗教审讯中遭到了无情的迫害。

桌上的法律书

约翰·莱瑟姆

1988年，桌子、玻璃、10本书
75 厘米×33 厘米×76 厘米（29½ 英寸×13 英寸×29⅞ 英寸）

在一张木制餐桌上有几本大部精装书的残本。这些书籍是19世纪40年代系列评论集，是针对亨利·约翰·史蒂夫制定的英国法律的评论。这些红色封面书籍被大玻璃钉死在桌子上，以此确保书籍无法被人打开阅读。莱瑟姆（1921—2006年）创作的这件雕塑和其他相似的作品都在强调人类知识、语言以及交流的脆弱性。从20世纪60年代中期开始，书籍及其毁灭成为莱瑟姆作品中一个很重要的母题。在接下来的几十年时间里，他采用焚书、炸书、嚼碎成纸浆、用胶水粘死书页、在书页上涂色、用酸性物质溶解书页，甚至将书籍浸泡在食人鱼缸里等方式进行创作。他对文本的选择具有挑衅性，聚焦于百科全书、法律书籍以及艺术评论书籍，这些书籍代表着权威。然而莱瑟姆的艺术并不关乎打破偶像崇拜或毁灭，而是通过颠覆书籍的物质性，将它们变为崭新的、独特的东西。他想借此探讨关于艺术、知识以及时间的相关问题。

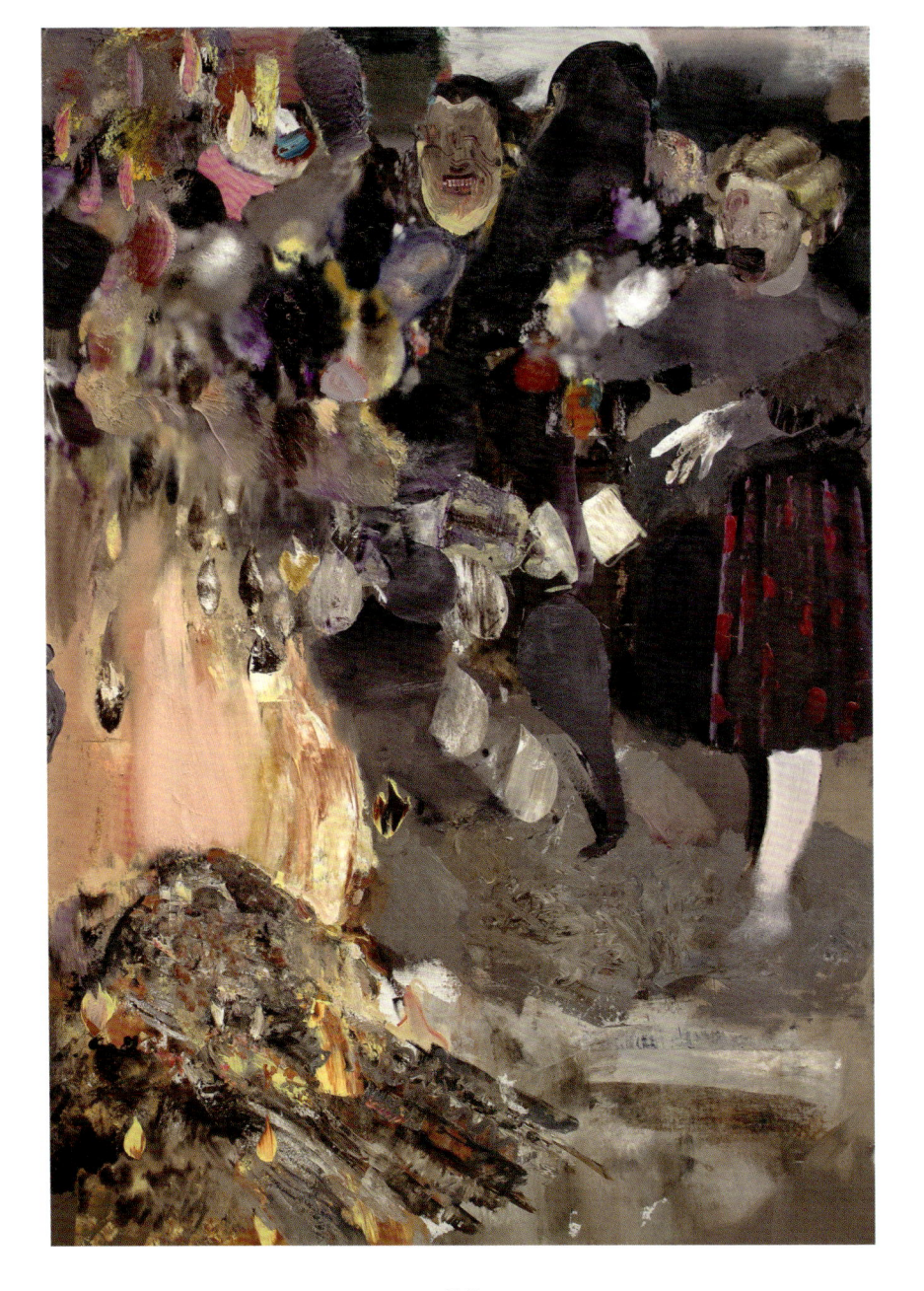

焚书

阿德里安·格尼

2014年，布面油画
189.9 厘米 × 129.9 厘米（74¾ 英寸 × 51⅛ 英寸）

焚书

格雷格·鲁克

2015年，纸面油画

19.5 厘米×26.5 厘米（7¾ 英寸×10½ 英寸）

图书馆
米夏·乌尔曼
1995年
水泥、玻璃、灯光,内部尺寸:5.3米×7米×7米(17$\frac{3}{8}$英尺×22$\frac{7}{8}$英尺×22$\frac{7}{8}$英尺)
焚书纪念馆,贝贝尔广场,柏林

在柏林贝贝尔广场的鹅卵石路面上嵌着一扇玻璃窗户,窗户下面是一个地下图书馆。然而图书馆白色的书架上却空空如也,朝下看,整座图书馆并无一书。乌尔曼(生于1939年)的地下纪念馆是一处地标——1933年5月10日,约有4万民众聚集于此,观摩焚烧数百名黑名单作家的作品,这些作家被认为是"堕落的""非德国精神的"。据估计,约有2万册书籍在这场大火中毁之一炬,这是全国性"反对非德国精神"的活动之一。纳粹图书管理员沃尔夫冈·赫尔曼编制了一份异见材料名单,并从这座城市的图书馆、书店以及学术收藏中将这些书籍没收。禁书作家包括海因里希·曼、恩斯特·格莱塞、埃里克·克斯特纳、罗萨·卢森堡以及奥古斯特·贝贝尔。在乌尔曼空荡荡的图书馆旁边有一块铜匾,上面有一段出自海因里希·海涅作于1821年的戏剧《阿尔曼索尔》中的台词:"他们焚书之地,最终也会焚人"。此警句提醒我们,纳粹分子的焚书行动预示着惨绝人寰的大屠杀的来临。乌尔曼在纪念那些被烧毁的无生命之物的同时,也在纪念大屠杀本身。

圣约翰在帕特莫斯岛

汉斯·巴尔东

约1511年，油彩、云杉上的金色和白色金属
89.5 厘米 × 76.8 厘米（35¼ 英寸 × 30¼ 英寸）
大都会艺术博物馆，纽约

启示、神性暴力

布鲁姆伯格和沙纳兰

2013年,英王钦定版《圣经》
哈内勒姆印刷,黄铜别针
镜框尺寸:79厘米×79厘米×5厘米(31⅛英寸×31⅛英寸×2英寸)

当亚当·布鲁姆伯格(生于1970年)和奥利弗·沙纳兰(生于1971年)发现贝尔特·布雷希特的私人版《圣经》时,他们一下子被封面上的赛车图像吸引了。他们还发现这位德国戏剧家在正文中粘贴了更多的图片,同时还对文本进行了大量注释。两位艺术家将这次偶然的发现作为起点,将17世纪詹姆斯国王的《圣经》译本中画线的页面与世界上最大的战争摄影合集——"现代冲突档案馆"中的材料结合在一起,创作了属于他们自己的插画版《圣经》。在整部《圣经》中,上帝在灾难和迫害中凸显了自身,这一观点正是这件作品的基础。《启示录》尤其如此,在书中,圣约翰描述了世界历史接近高潮时的大苦难情节。布鲁姆伯格和沙纳兰将那些明显不协调的文字和图像放在一起,表现出《启示录》本身同样撼人心魄的魅力。9·11恐怖袭击的图像出现在描述世界末日之战的诗句中,同时B-29轰炸机出现在描述上帝愤怒之情的诗句中。两位艺术家以同样的方式处理《圣经》里的66本书,并将整个艺术项目定名为《圣书》(2013年)。

293

gnos et pusillos stantes in conspectu throni et libri aperti

最后的审判

艺术家不详（佛兰芒派）

1474—1484年，壁画（局部）
整体尺寸：约16.4米×15.6米（约53⅞英尺×51⅛英尺）
圣塞西利亚大教堂，阿尔比

根据《启示录》里的描述，所有死去的人都将在世界末日时面对上帝的审判。在中世纪最大尺幅的《最后的审判》中，复活的灵魂被描绘为胸前携有一册书。这件大尺幅壁画《最后的审判》覆盖了法国南部圣塞西利亚大教堂中殿围墙西侧两端。画面左边是获得救赎的人，他们正走向永生，而右边是那些被诅咒的人，他们在恐惧中畏缩，因为他们即将被扔进地狱遭受折磨。壁画中央是审判者基督，但这部分画面在17世纪末期被损毁了。画面中的每一本书都是关于一个人世俗生活的记录，是一种生动的象征，也是最后审判的依据。人物上方展开的横轴强调了这一信息，体现了天主教教义，即善行对于救赎至关重要（这一观点受到了马丁·路德和新教改革派的挑战）。所有人心底的秘密都将像一本打开的书一样被解读，而他们永恒的命运也因此而定。

基督教殉道者
（圣劳伦斯或萨拉戈萨的圣文森特）

艺术家不详

约430年，玻璃镶嵌画，尺寸不详
加拉·普拉西提阿陵墓，拉韦纳，意大利

一位圣徒抱着《圣经》大踏步走向炽热的壁炉，他将在这壁炉里殉道。火焰后面是一个敞开的书柜，里面装着《马太福音》《马可福音》《路加福音》《约翰福音》，一位不知名的镶嵌画艺术家在每一本书上都贴上了标签。圣徒在面对死亡时毫无惧色，似乎对火苗吞噬其衣襟也毫不在意。他对来生的笃定显然是受到书柜里清晰描绘的圣书的启发。传统观点认为这位圣徒便是在壁炉里殉道的圣劳伦斯。然而，这些书里没有提及劳伦斯的故事，事实上，这位圣人是萨拉戈萨的圣文森特。罗马诗人普鲁登修斯讲述过文森特殉道的故事，并说明了这位圣徒在拒绝向敌对的罗马当局透露他的基督教书籍的下落后是如何被处死的。他大约在304年殉道，10年后，基督教在罗马帝国获得了合法地位。普鲁登修斯写到，这位圣徒充满了信仰，"迈着轻快的步子，欣欣然地"冲向滚烫的壁炉。

无题（书）
菲利普·古斯顿
1968年，彩色面板水粉画
50.8 厘米 × 76.2 厘米（20 英寸 × 30 英寸）

时间桌子

比尔·伍德罗

1999年，铜、金箔，第10版
约59厘米×106厘米×85厘米（23¾ 英寸×41¾ 英寸×33½ 英寸）

人口普查

安塞尔姆·基弗

1990年，钢、铅、照片
415厘米×570厘米×800厘米（163$^{3/8}$英寸×224$^{3/8}$英寸×315英寸）
汉堡车站博物馆，柏林国家博物馆，柏林

在这座壮观的图书馆里，藏书如此厚重非人力所能拿起，更遑论打开书页。这些铅制的书籍述说着历史的庄严和分量，尤其是德国人民在接受其国家在第二次世界大战中所扮演的角色而历经的痛苦斗争。从20世纪70年代开始，基弗（生于1945年）就开始制作超大尺寸的铅质书籍。这件作品中的书籍内部镶嵌着成千上万粒豌豆，每一粒豌豆代表一个人，他们在不具名的专制国家沦为了一个个数字。这件装置作品是基弗在20世纪80年代西德人口普查抵制运动之后创作的。当时有报道披露西德正试图利用1983年全国性人口普查的机会来加强对公民的监控，并在未经允许的情况下分享个人数据时，民权组织引发了公众的强烈抗议。然而这件作品中还包含了更广阔的历史。纳粹党利用人口普查信息，对犹太人和其他"不理想的"人群进行迫害，最终通过大屠杀试图灭绝他们。基弗通过影射这段黑暗的历史和引发人口普查抵制运动的起因，揭示大规模数据收集背后邪恶的用心，以及将群体或个人非人性化所存在的内在危险。

图书室现象
约瑟夫·科苏斯

2006年，丝印玻璃、霓虹灯、哲学书，多种尺寸
阿尔敏·莱希画廊装置图，巴黎

  这家巴黎美术馆的整个地板上几乎摆满了书籍，只剩下可供在书海里出入的空间。这些书籍包含了20世纪最著名哲学家的著作。墙壁上的照片展示了作家的私人图书室。其中我们可瞥见路德维希·维特根斯坦、G.E.摩尔、让-保罗·萨特、罗兰·巴特等。这件装置作品的灵感来自米歇尔·福柯发表于1977年的文章《图书馆幻想曲》，而福柯的这篇文章又是围绕着古斯塔夫·福楼拜的《圣安东尼的诱惑》（1874年）展开。福楼拜的这部著作探索了隐士圣安东尼在埃及沙漠中的经历。对于福柯而言，《圣安东尼的诱惑》并不是有些人所认为的狂热想象的产物，而是缜密的学识，这一文本之所以能够存在是基于它与其他文本之间的关系："一种图书室现象"。这件装置作品的形式让人联想起科苏斯（生于1945年）早前的作品，比如《信息屋》（1969年）。这件作品是由两张长条木桌构建的画面空间，木桌上摆放着艺术家本人的藏书，涉及科学、语言和哲学，供参观者阅读。这种阅读行为既宣告了这些作品的存在，又激活了它们。

虚拟天花板
理查德·温特沃斯

1995年，书籍和钢索，多种尺寸
里森画廊装置图，伦敦

  一片书籍的海洋从美术馆的天花板上悬挂下来，盘旋在观者的头顶。各种各样的精装书和平装书，包括虚构类和非虚构类，各种大小的书籍从细长的缆绳上悬挂下来。有些书籍的题名一眼便可以看出来，而另一些则鲜为人知。这种观看体验如在旧货店或二手店浏览商品。然而，温特沃斯（生于1947年）将书籍从上至下悬挂下来，意在营造一种奇幻之境，鼓励观者从不同的角度思考我们身边的书籍。这件装置作品是一曲对文学文化自由和多样性的颂歌，灵感来自柏林墙倒塌后艺术家在跳蚤市场上见到的各种书籍。那些以前见不到的欧美书籍，现在似乎无处不在。这件装置作品的第一个版本只能自下而上观看，而后续的迭代作品则是安装在空间中，观者可以从不同的角度，包括自上而下进行体验。在温特沃斯看来，书籍是非比寻常的文化艺术品，他的目标是当人们以一种理所当然的心态看待这些无所不在的书籍时，能够重新点燃对书籍的惊奇和欢喜之情。

302

书籍

陈保罗

2012年，织物、纸张以及卡纸上油画
多种尺寸
"陈保罗作品精选展"装置图
舒拉格博物馆，巴塞尔，2014年展出

　　这件巨大的装置作品以1000多本被拆解的书籍封面作为绘画的支撑物。2009年，陈保罗（生于1973年）宣布退出艺术界，并成立了一家电子书出版公司。在一次书展上，一位愤怒的参观者谴责他和其他电子书出版商扼杀了纸质书。这次经历使他产生了一个想法：倘若日后他人谴责他破坏文学，那么何不直面实实在在的破坏？于是陈保罗从阿瑟·叔本华的哲学文集《附录与遗珠》（1851年）开始，小心翼翼地将书页拆解，只留下封面。书籍的表面和形态使他联想到艺术家的画布，于是他将书封挂在墙上，开始作画。再次与实体物打交道的过程让他倍感满意，于是他不断地重复这一过程，用单色正方形、矩形及具有表现力的符号来装饰一本又一本书。然而，陈保罗无意于隐藏旧书的身份，从题名可知涉及艺术、历史、地理、心理学以及哲学。2014年，这一项目本身也做成了一本实体书，即陈保罗所著的《全新新约》。所有的绘画作品全部汇集在这本精装书里，它在提醒人们：阅读犹如艺术创作，它之所以能够持久存在，原因首先在于它是一种触觉体验。

关于物的属性之书
艺术家不详

14世纪，手稿，尺寸不详
市立图书馆，兰斯

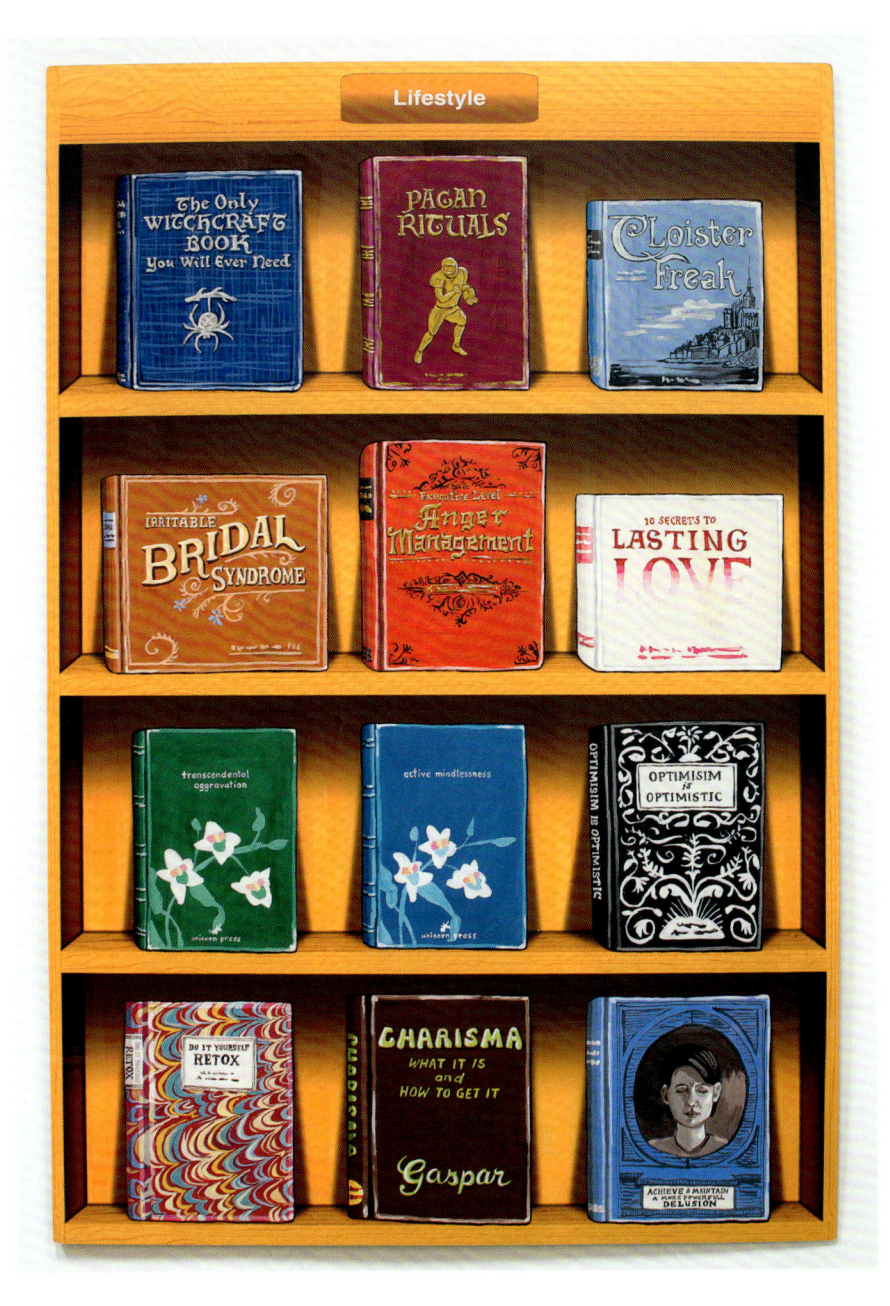

魔法书

琼·洛

2015年，多金属上酪蛋白、喷墨
137.2 厘米 × 95.3 厘米（54 英寸 × 37½ 英寸）

书籍
莉萨·米尔罗伊
1991年,布面油画
193厘米×287厘米(76英寸×112英寸)

与书页妥协

威廉·肯特里奇

2013年，《简明牛津英语词典》上水彩和彩铅
121.9 厘米 × 152.4 厘米（48 英寸 × 60 英寸）

无题电影剧照13
辛迪·舍曼
1978年,明胶银色印刷
25.4 厘米 × 20.3 厘米(10 英寸 × 8 英寸)

图书馆

费利克斯·瓦洛东

1915年,布面油画

116厘米×89厘米(45¾英寸×33⅞英寸)

州立美术馆,洛桑

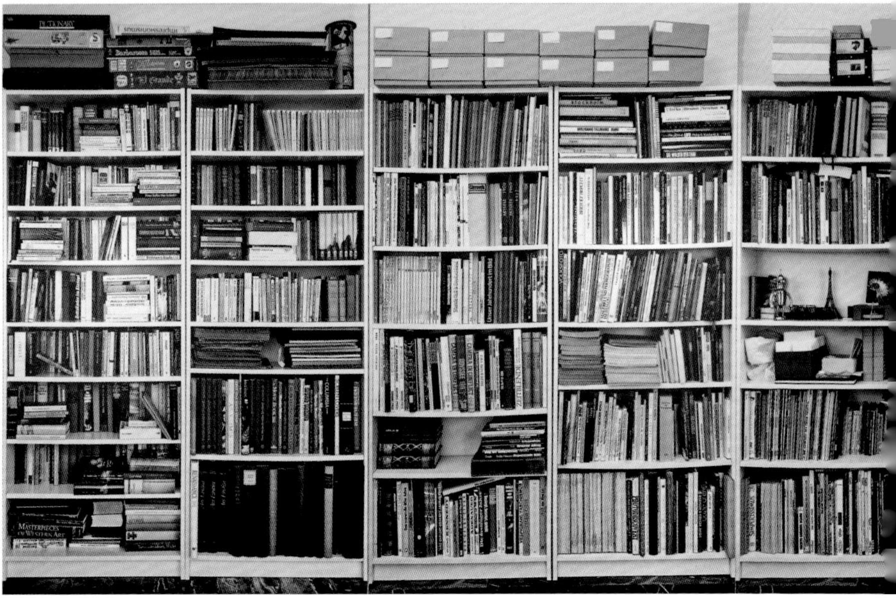

无题

汉斯-彼得·费尔德曼

未标注日期，5张黑白照片
整体尺寸：200.5 厘米×652.5 厘米（78⅞ 英寸×256⅞ 英寸）

　　这张与实体同大小的照片平铺在五个巨大的面板上，记录了费尔德曼（生于1941年）在杜塞多夫家中的个人藏书。这位德国艺术家是一位极有趣的收藏家，他的艺术取材于他所能找到的各种物品、图片等文化艺术品。这件作品与众不同之处在于它提供了一次难得的窥探艺术家私人世界的机会。从传统上来讲，作为艺术主题的图书室是展示稀有古籍的窗口，然而这件作品中的大部分书籍对观者而言都是当代的。其中摆在书架上那些关于艺术、音乐、旅行、历史、摄影以及电影主题的书籍，反映了艺术家的个人旨趣。从这层意义上来说，照片可视为一种肖像。费尔德曼将观者塑造成偷窥者，允许他们仔细阅读他的个人物品，但只能在一定距离之外。这些实际大小的照片挑逗着站在作品面前的观者，当他们发现一个引人入胜的书名时，却发现这些书籍无法打开阅读，这着实令人沮丧。很多书籍是按照主题来分类的，这也反映了费尔德曼在类型学方面的兴趣。与任何个人书架一样，它的组织排列有时是独特的，且没有计划性。正如费尔德曼大范围实践的那样，它既是系统化的，又是令人惊讶的、透明的、不可预测的。

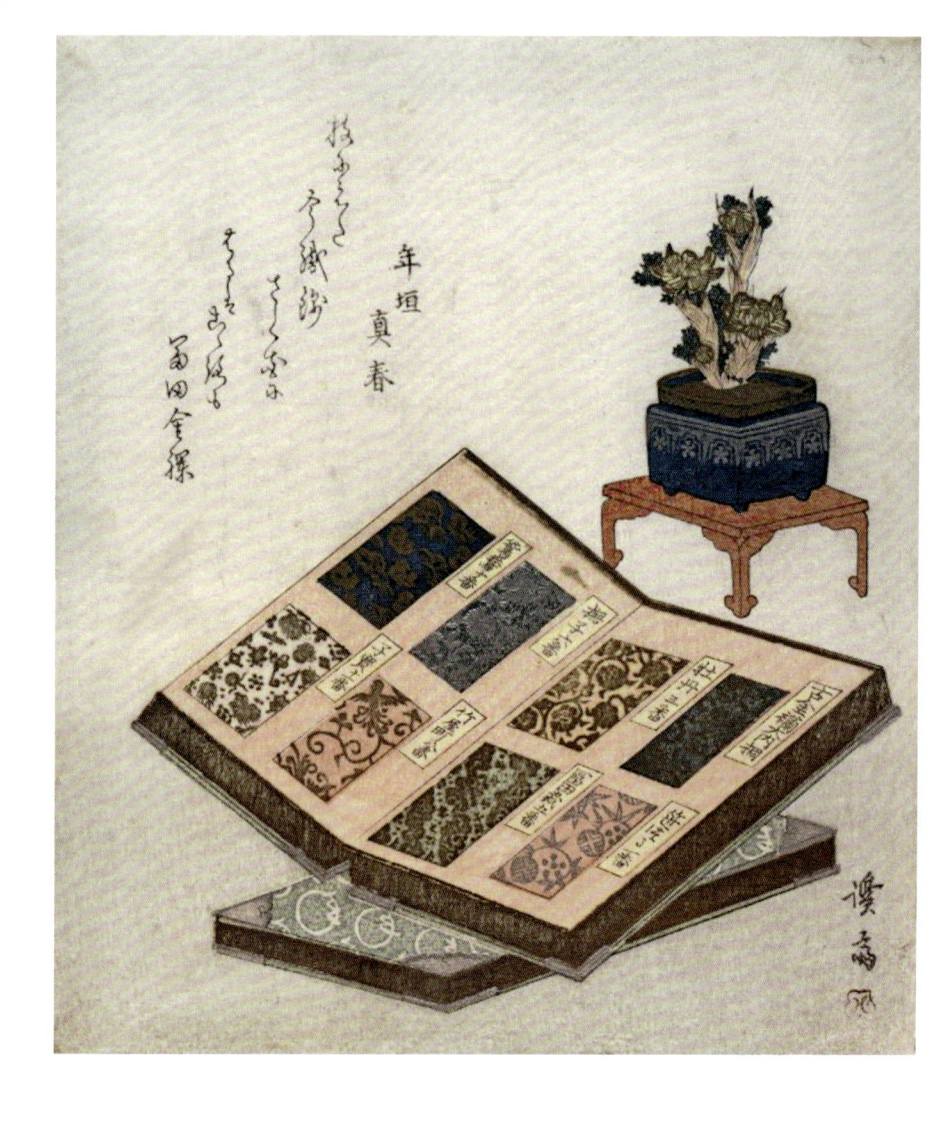

锦缎设计样书
溪斋英泉
19世纪,木刻版画
20.6 厘米 × 18.1 厘米(8 1/8 英寸 × 7 1/8 英寸)
布鲁克林博物馆,纽约

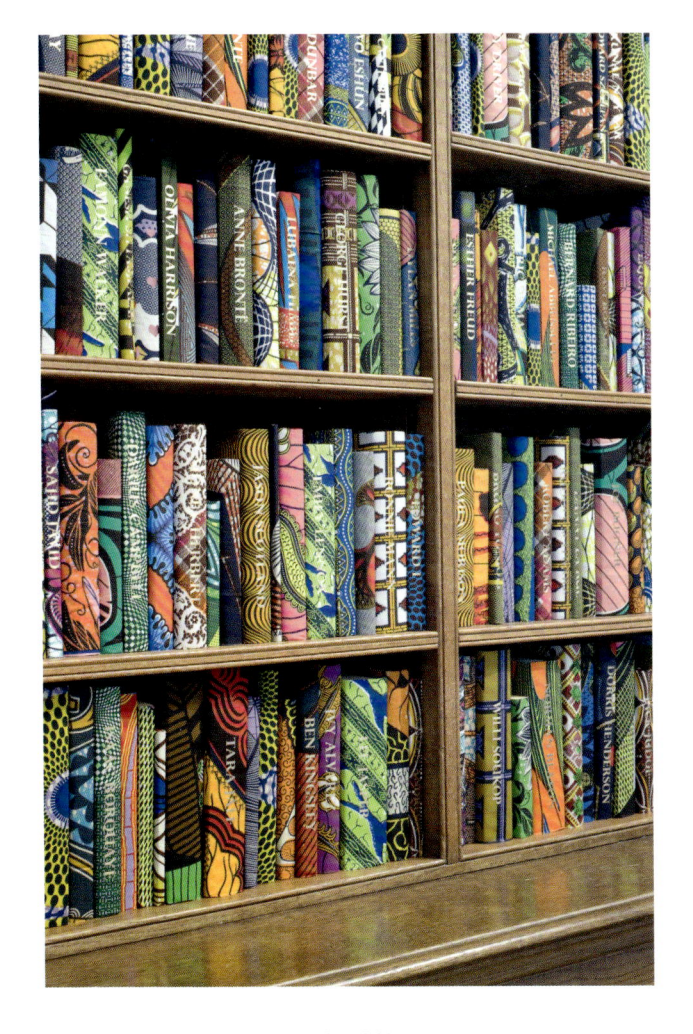

大英图书馆

因卡·修尼巴尔

2014年（局部），精装书、荷兰蜡印棉织物、金箔题名、
5把木椅子、五台平板电脑、平板电脑支架、耳机、
互动应用程序和古董上发条钟表，多种尺寸

  这个令人眼花缭乱的图书馆书架上摆满了上千册书籍。这些书籍由色彩绚丽的织物包封，书脊上或压印那些对英国文化产生重要影响的第一代或第二代移民的姓名，或反对移民政策人士的姓名。这些人士中一方面包括T. S. 艾略特、扎哈·哈迪德、诺埃尔·加拉格尔、石黑一雄、露丝·伦德尔、汉斯·霍尔拜因、哈玛莎·科希斯塔尼等，另一方面也有像伊诺克·鲍威尔、奈杰尔·法拉奇及其他人。每本书的封面用荷兰蜡印棉织物（这种棉织物在英国的非洲裔加勒比社区中非常受欢迎）装帧——这种受印度尼西亚风格启发的设计源于荷兰。修尼巴尔（生于1962年）采用这种混合纺织物——由荷兰商人引入非洲国家，如今被认为是本土生产的——是为了强调全球人口和货物流动对现代生活的影响。对于修尼巴尔而言，图书馆是整个人类文化的一个隐喻，其中充满了人类的故事、信仰、哲学以及成就。他的装置作品探索了英国移民的历史遗产，同时也引发了当代对移民社区的态度及其社会贡献的讨论。

54
Wu Ming
WHY I AM NOT
EXIT TO EDEN
SALT
George Orwell
nineteen eighty four

另有其人——一间由100本匿名之书构成的图书室
希尔柏·古普塔

2011年，蚀刻书籍，488 厘米 × 22 厘米 × 190 厘米（192 英寸 × $8\frac{1}{2}$ 英寸 × 72 英寸）

  在这个图书室里，100本书都用不锈钢重做了封面，封面上增加了一则小文，详细说明了作者用笔名或匿名的原因。古普塔（生于1976年）对这个项目进行调研时发现，一个作者选择隐姓埋名基于很多原因：因害怕受到政治或宗教迫害而隐藏身份；隐瞒性别；避免危及事业和给家人造成不安；抑或只是自由追求不同的文风。这个金属书籍合集中有来自世界各地的作者，包括埃米莉·勃朗特、赫尔曼·黑塞，他们分别以不同的名字——埃利斯·贝尔和埃米尔·辛克莱——发表著作。浏览一排排书名，你会发现《哈利·波特》的作者J. K. 罗琳曾用笔名（罗伯特·加尔布雷思）来隐藏自己的性别，大卫·康韦尔曾用约翰·勒卡雷的假名，以便他在写悬疑间谍小说的同时维系在英国军事情报部门的日常工作。然而，这些书籍都无法阅读，因为古普塔只是重新创作了封面。这些金属外壳包封的书籍并没有内页，看上去犹如纪念碑，内容的缺失象征着作者真实身份的缺失。

书籍艺术家
埃德·拉斯查
1976年，纸上蜡笔画
57.8 厘米 × 73 厘米（22¾ 英寸 × 28¾ 英寸）
泰特美术馆，伦敦 / 苏格兰国家美术馆，爱丁堡

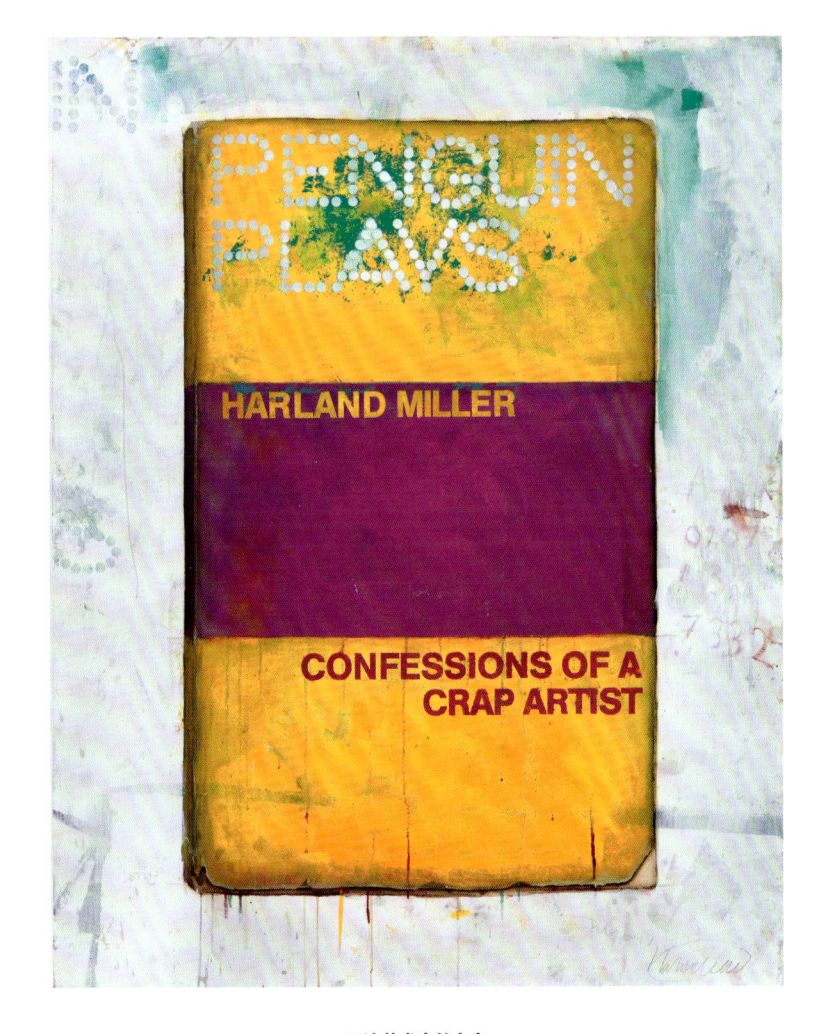

三流艺术家的自白

哈兰·米勒

2013年，面纸丙烯和油彩
152.5 厘米 × 121.5 厘米（60 1/8 英寸 × 47 3/4 英寸）

在这幅画中，艺术家本人的名字被印在一本破旧、折角的平装书正面。由封面可知，此书是一部戏剧，书名带有自嘲意味。这件作品是米勒（生于1964年）的系列作品之一，自2000年初期开始，他便以企鹅公司出版的标志性封面为基础进行一系列创作。在他的很多作品中，他将企鹅公司家喻户晓的商标及其小说类书籍中经典的橙白设计与他虚构的、带有不和谐、讽刺、幽默、不敬意味的书名融合在一起。然而，米勒这件作品中对比强烈的黄色和紫色构图是基于知名度稍低的企鹅戏剧系列的封面。此外，这件作品上的书名并非虚构，而是出自菲利普·K.迪克的一本非科幻小说——这部小说创作于1974年，讲述了20世纪50年代美国一桩混乱的婚姻冲突。在这件作品中，画面上大胆泼洒的笔触和滴落的颜料与精确的字母形成反差，看似介于波普艺术和抽象表现主义艺术之间。米勒画笔下那些虚构的书籍总是破旧的样子，正如他从二手书店搜罗到的实体书一般。事实上，他也是一位颇具成就的作家，正是他对文学的热爱启迪了他的艺术。

护理专业学生
理查德·普林斯
2005年，布面喷墨和丙烯
193.7 厘米 × 137.5 厘米（76¼ 英寸 × 54⅛ 英寸）

赫杰里与书籍
朱利安·奥佩

2005年,上色木板上丝印
90 厘米×69 厘米×4 厘米（35½ 英寸×27⅛ 英寸×1½ 英寸）

"我不想将余生花在写那些没人读的书上。"

——塞缪尔·贝克特（1906—1989年）

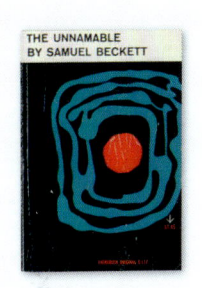

无题（贝克特三部曲）

史蒂夫·沃尔夫

1999—2001年，油彩、丝网印刷、平版印刷、模形用浆、纸张和木材
从左到右尺寸：20.2 厘米×14 厘米×1.8 厘米（7⅞ 英寸×5½ 英寸×⅝ 英寸）、20.2 厘米×13.5 厘米×1 厘米（7⅞ 英寸×5¼ 英寸×⅜ 英寸）、20.2 厘米×13.7 厘米×1.3 厘米（7⅞ 英寸×5⅜ 英寸×½ 英寸）

墙上挂着的似乎是塞缪尔·贝克特的平装本小说三部曲。事实上，这三本书是精致的复制品，是根据沃尔夫（1955—2016年）私人图书室里的书籍制作的雕塑。原本是格罗夫出版社于20世纪50年代出版的复古版本，20世纪70年代，当时还是学生的艺术家购买了这个版本。他利用木材、油彩、塑形用浆以及印刷技术，不遗余力地重新制作了每本书的外观细节。从罗伊·库尔曼的抽象封面设计到每处折痕、重叠和裂口，这三件复制品都抓住了沃尔夫经常翻阅书籍的特征。贝克特的三部曲小说——《莫洛伊》（1951年）、《马龙之死》（1951年）、《无名小说家》（1953年）被认为是20世纪小说的重要里程碑之作，但是沃尔夫的艺术品版本是无法阅读的，正如在视觉陷阱传统中，它们都只是表象。沃尔夫在其生涯中创作了很多此类雕塑，并将它们置于墙上或纸板箱（也是艺术家本人制作）里展示。沃尔夫的其他一些作品复制威廉·伯勒斯、格特鲁德·斯坦因、詹姆斯·乔伊斯等作家的作品，他所选择的作家都是对其本人无论是身为艺术家还是作为一个人产生过影响的人物，因而他创作的复制品合集也是一种个人自画像。

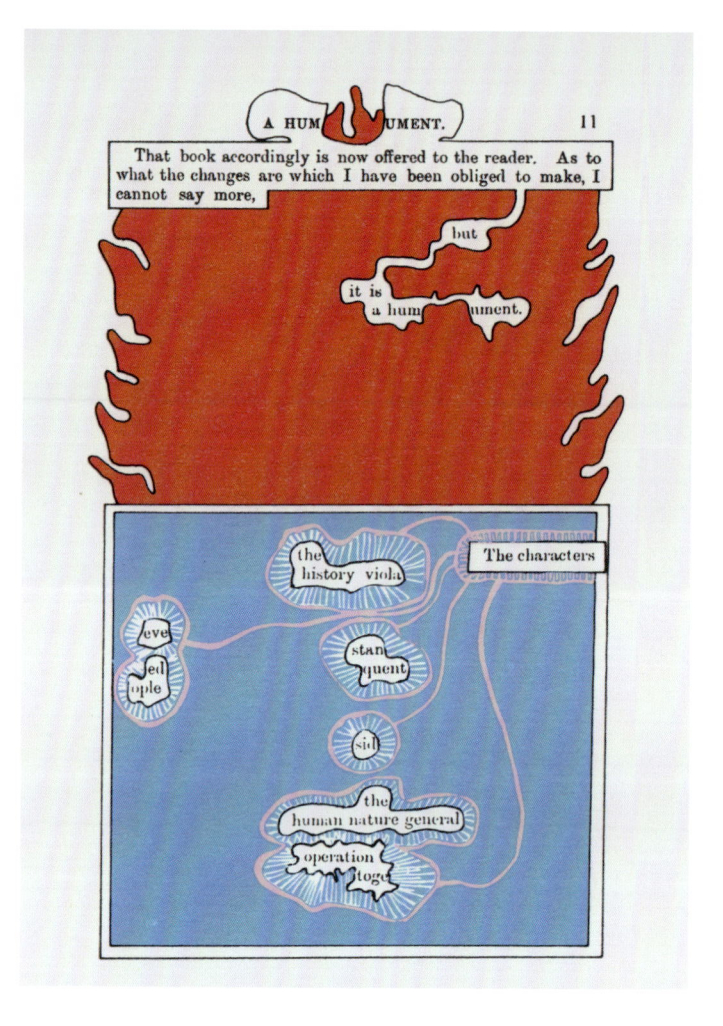

《一本二度创作的人类之书》（1973年版本），第11页，第1版
汤姆·菲利普斯
1973年，书页上钢笔、墨水和水粉
17 厘米 × 12 厘米（6¾ 英寸 × 4¾ 英寸）

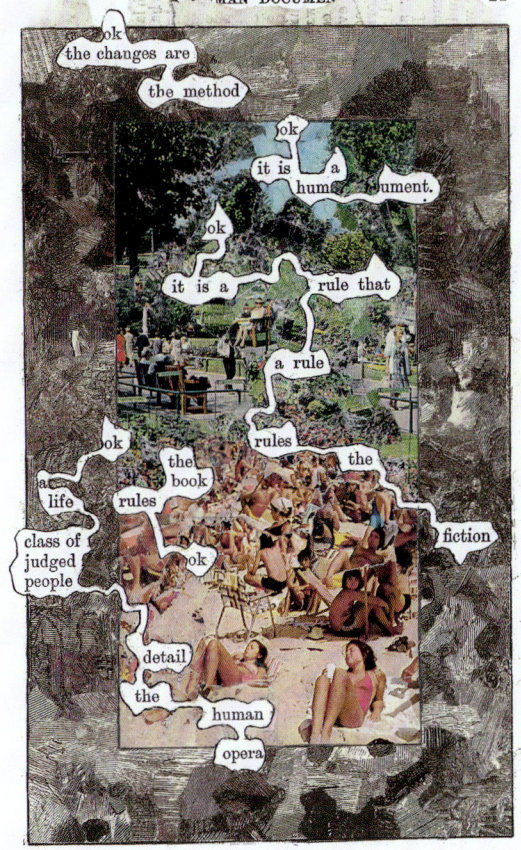

《一本二度创作的人类之书》（2003年版本），第11页，第2版
汤姆·菲利普斯

2003年，书页上钢笔、墨水、明信片、拼贴素材
17 厘米 × 12 厘米（6¾ 英寸 × 4¾ 英寸）

  这部延续50年的作品，其创作灵感来自一部名不见经传的维多利亚时期的小说。自1966年开始，菲利普斯（生于1937年）一直在修改W. H. 马洛克的《一本二度创作的人类之书》（1892年），在此书发黄的书页上绘制复杂的图像。这个项目始于他向一位艺术家朋友吹嘘，他要用第一本三便士购买的书籍完成一个严肃的长期艺术项目。菲利普斯用色彩和图案覆盖页面，挑出某些特定的单词或词组形成全新的超现实主义叙事。在有些页面，马洛克的文本被菲利普斯的设计完全涂抹，而另一些页面上的文字则需透过幽暗的表面才能看出来。尽管每个页面都是一件独立的艺术作品，但是它们总是井然有序。《一本二度创作的人类之书》没有明确的版本，多年来有几个版本以书籍的形式出版。这两张图显示的是1973年和2003年版本第11页上的内容。两张图除了有一两个单词相同，它们是完全不同的图像。2003年版本采用拼贴的方式从明信片上截取了图片。2011年，菲利普斯将这个项目延伸至数字领域，以手机应用程序的形式发布了这本书。

· Comcpus ·

E le bataliles mantenir.
C om les nes furet establies.
L a granz istoire eles nauies.
C omet protesilaus li prous.

P oz ses par son demnamet.
E t an pinser q an torment.
E ce uos redirai apres.
C um fu temet palamedes.

《特洛伊记》某版本里伯努瓦·德·圣莫尔画的插图

艺术家不详

12世纪

法国国家图书馆，巴黎

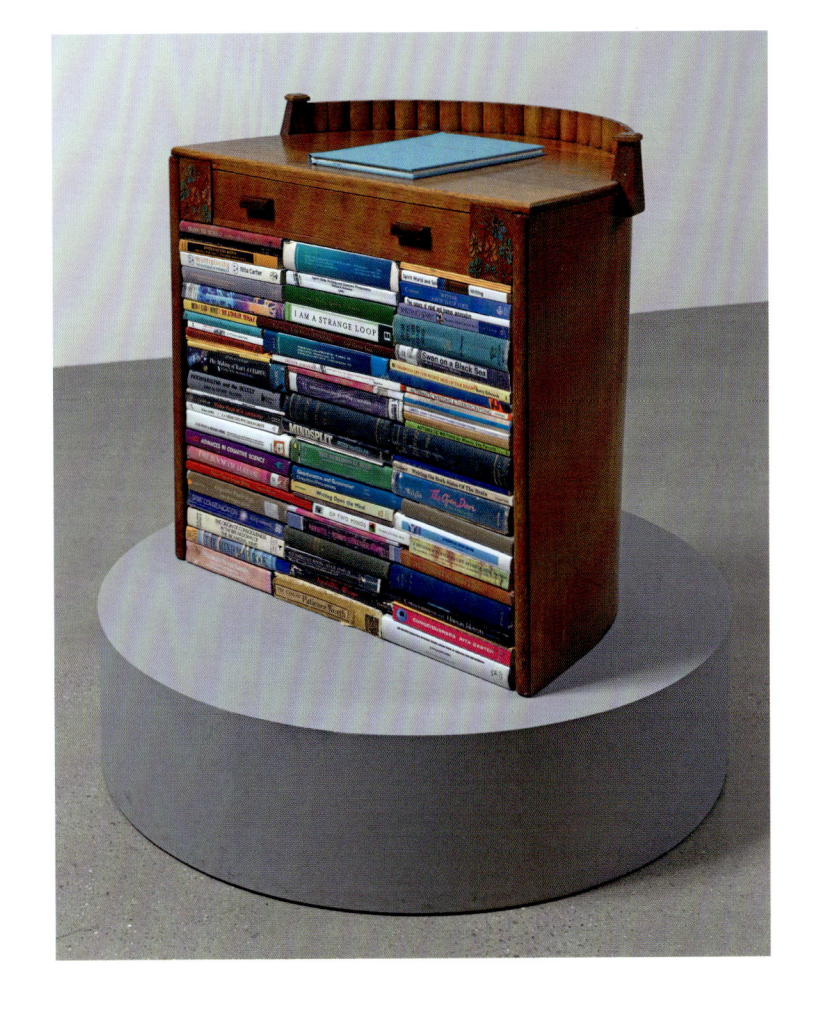

清醒与直觉：向格特鲁德·斯坦因致敬

苏珊·希勒

2011年，装有自动化及相关问题的书籍的艺术装饰写字桌、艺术家档案、圆形底座
72 厘米×47.5 厘米（28 3/8 英寸×18 3/4 英寸）

  一张具有装饰艺术风格的写字桌底下塞满了书籍，写字桌化身为一个神秘的图书室。这张写字桌与美国小说家格特鲁德·斯坦因使用的桌子有几分相似。然而，这些书籍与她笔下的现代主义作品或任何她心仪的兴趣没有任何关系。这些藏书关注的主题是自主写作——脱离意识的写作实践，其结果便是潜意识作品或精神世界的产物。在20世纪初期，这是一种在超现实主义者和唯心主义者中都很流行的技巧，斯坦因在职业生涯的早期阶段也被这种技巧所吸引。将书籍堆在写字桌底下表示它们不值得摆放在位置更为显眼的书架上，当然也就不容易获得关注。尽管斯坦因曾对自主写作技巧进行过大量的实践，但是在获得文学上的声誉之后，她否认对这种神秘的写作技巧抱有任何兴趣，并声称无论内容如何，用这种技巧写出来的作品毫无价值可言。希勒（生于1940年）对无法解释的现象有着浓厚的兴趣，她希望斯坦因作品中的压抑特征能够引起更多的关注。她创作这件雕塑既是向一位受人赞誉的作家致敬，也是为了提醒人们，文本可以超越作家的掌控而自主成形。

"比起其他东西,一座图书馆里更为重要的东西——除此之外的一切——是它的存在。"

——阿齐博尔德·麦克利什(1892—1982年)

图书管理员

朱塞佩·阿钦博尔多

约1566年，布面油画，97 厘米×71 厘米（38⅛ 英寸×28 英寸）
斯库克洛斯特城堡，瑞典

  这幅半身肖像画完全是用书籍和相关书籍用品构成的。大部头书本形成身体上半部分和双臂，而打开的书页便是头发。面部则是由各种较小尺寸的书籍组成，书柜钥匙构成眼镜，而胡子是由动物尾巴掸子做成的。阿钦博尔多（1527—1593）是维也纳哈布斯堡宫廷的肖像画家，不过他最出名的是将水果、蔬菜和鲜花等日常物品巧妙地组合成肖像。有观点认为，这幅绘画是对沃尔夫冈·洛齐乌什的一种讽刺，他是一个自我膨胀的罗马帝国皇家藏书的负责人。这幅油画也被解读为是对图书管理员和知识的颂扬和戏仿。然而，阿尔钦博托的戏仿或许并不是针对那些热爱知识的人，而是在讽刺那些比起阅读书籍来更看重收藏书籍的收藏家。这一读解的一个有利证据是这幅画里的书籍都是合上的，除了肖像头部那本打开的书，而这本打开的书却处于无法阅读的状态。

修道院图书馆

出自赫拉班的《宇宙》

艺术家不详（意大利细密画家）

约1023年，彩色手稿，尺寸不详

蒙特卡西诺修道院，卡西诺

纽约鸟类图书馆

马克·迪恩

2016年，钢铁、木材、书籍、鸟
350.5厘米×609.6厘米（138英寸×240英寸）

一棵大树矗立在一个圆形鸟笼内，树枝为藏书提供了支撑。22只小鸟栖居于这个鸟笼中，它们在各种书籍之间飞翔和啁啾。这些书籍的主题包括地理学、航海、天文学、鸟类学，甚至养猫。斑胸草雀和金丝雀对这些阅读材料没有表现出丝毫的兴趣，这可从树下落满鸟粪的一堆书上得到证明。迪恩（生于1961年）很清楚，为鸟类打造一座图书馆是一种荒谬的想法，但是他认为猎杀和捕捉异国鸟类以供消遣的做法同样很荒谬。自20世纪80年代中期开始，迪恩的雕塑和装置作品探索了人类对收藏的沉迷，并试图借助分类系统将秩序和意义强加于自然世界。作品中的鸟笼体现了人类想要掌控自然的冲动，而大树则让人联想起《圣经》中的智慧之树和生命进化之树。迪恩的藏书室表明，无论书籍积累和记录了多少知识，人类都永远无法理解自然世界的错综复杂和动物的先天智力。

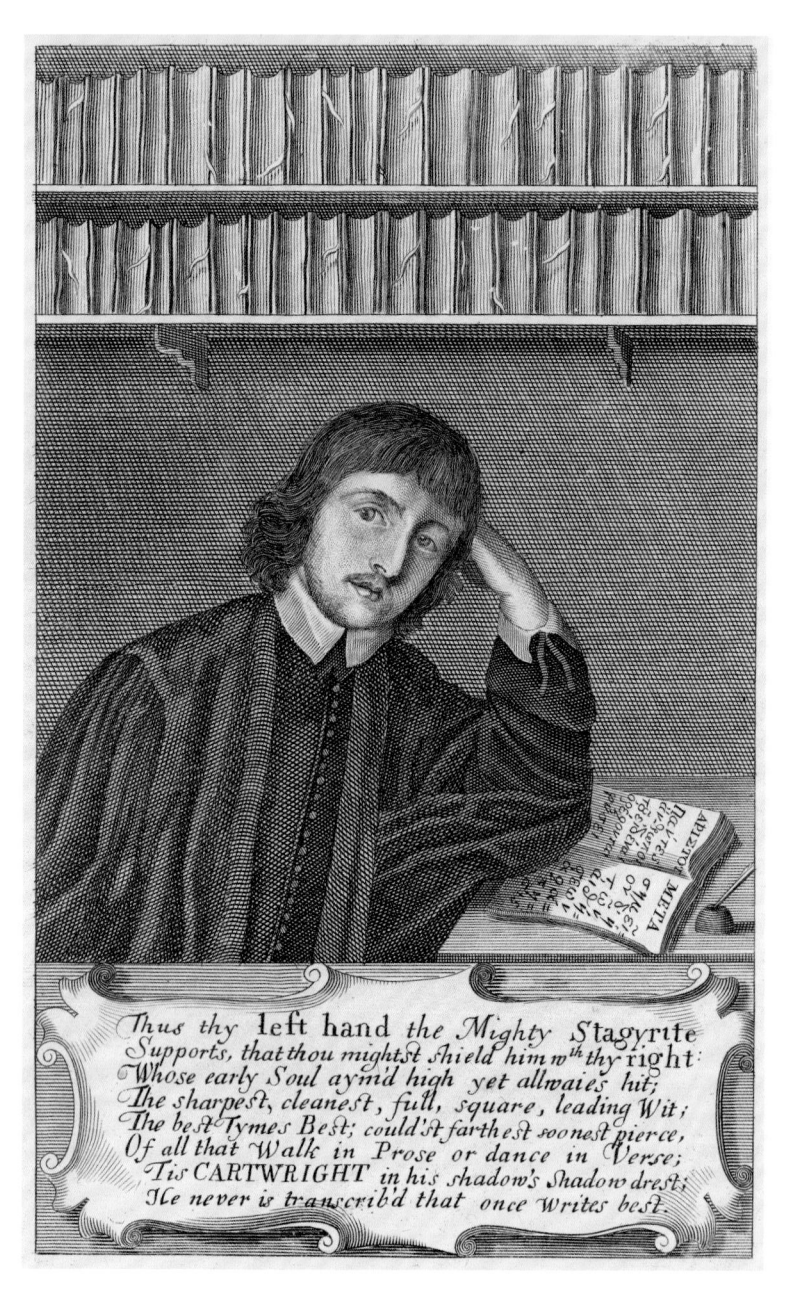

Thus thy left hand the Mighty Stagyrite
Supports, that thou might'st shield him wth thy right:
Whose early Soul aym'd high yet allwaies hit;
The sharpest, cleanest, full, square, leading Wit;
The best Tymes Best; could'st farthest soonest pierce,
Of all that Walk in Prose or dance in Verse;
Tis CARTWRIGHT in his shadow's Shadow drest;
He never is transcrib'd that once Writes best.

葛德立

艺术家不详(仿皮埃尔·隆巴尔)

1797年出版,线雕,28.4 厘米 × 20.6 厘米(11 1/8 英寸 × 8 1/8 英寸)

英国国家肖像馆,伦敦

无题（图书馆）

蕾切尔·怀特里德

1999年，石膏、聚苯乙烯、纤维板及钢铁

285.8 厘米 × 535 厘米 × 243.8 厘米（112½ 英寸 × 210⅝ 英寸 × 96 英寸）

赫尚博物馆和雕塑园，史密森尼学会，华盛顿特区

乍一看，这些巨大的雕塑形式具有书架的外观，但是却看不到一本书。怀特里德（生于1963年）以赋予负空间——物体内部、下方或周围看不见的空间——立体形式而闻名。她的作品通常用石膏对椅子、床、楼梯，或者室内或棚屋内部，甚至是带有露台的房子等进行塑形。就《无题（图书馆）》这件作品来说，她制作了图书馆书架的石膏模型，构建了一排排书籍周围的空间。尽管缺乏可阅读的文献，但是原书的物理痕迹被保留了。每本书的尺寸和书页的纹理都经石膏记录了下来，石膏中还含有装订时留下的纸张碎片和残留物。事实上，仔细观察便会发现，这件作品富含很多微妙的色彩。然而，每本书的书名是看不到的。这件作品是艺术家创作的几件相似作品之一，另外还包括维也纳犹太广场上的《大屠杀纪念馆》（2000年）——这件作品是一个倒置的图书馆，里面所有的书籍都有着相同的尺寸和形状，但同样没有书名。它和怀特里德的其他作品有一个共同点，那就是对缺席和失去的沉思。

阿布·扎伊达在巴士拉的图书馆——读书和抄书之地
选自《集会》

叶海亚·伊本·马哈茂德·瓦西提
1236—1237年，手稿，37厘米×28厘米（14½英寸×11英寸）
法国国家图书馆，巴黎

书上之书
刘野
2007年，布面丙烯
30 厘米×20 厘米（12 英寸×7 7/8 英寸）
私人收藏，上海

学生和书
雅各布·劳伦斯
1966年，硬木板上蛋彩画
60.6 厘米×91.1 厘米（23⅞ 英寸×35⅞ 英寸）
私人收藏

无题

雅尼斯·库奈里斯

2004年，书籍，多种尺寸
旧市政厅的装置图，萨拉热窝

    在波斯尼亚和黑塞哥维那国家图书馆的中庭，库奈里斯封闭了12段门廊，其中之一是以书墙作为隔断。这座历史建筑在1992年8月萨拉热窝围城战期间遭到严重损坏。塞尔维亚人炮击此建筑，并将之毁于一炬，烧毁了200万册书籍、期刊和文件，其中包括数千册珍贵古籍。这座图书馆的拱形天花板和大部分内室都被摧毁了。在萨拉热窝围城战期间，图书馆馆员和市民曾试图拯救这些书籍，但是狙击手的攻击使得拯救计划落空，并造成至少一人死亡。库奈里斯以这些悲剧事件作为起点，在这座建筑重建期间创作了这件装置作品。到2004年，玻璃屋顶的六角形中庭已经重建完成，但是门廊还没有竣工。空荡荡的大门立刻激发了艺术家的灵感，他不仅在门廊里塞满书籍，其中还夹杂着萨拉热窝被毁建筑里的石头，以及各种日常用品，包括衣物、鞋子以及缝纫机。封锁的门廊是一种反抗行为，同时也是纪念波黑战争中发生的悲惨事件的一种方式。

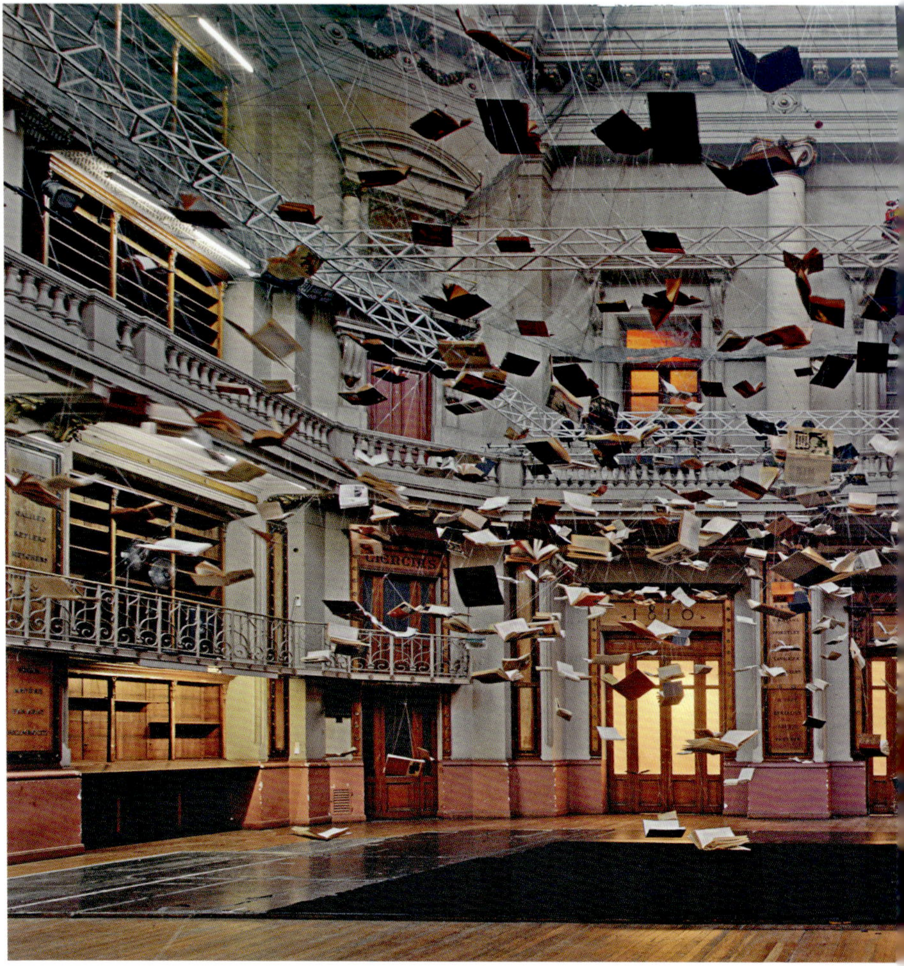

飞翔的书（向博尔赫斯致敬）

克里斯蒂安·博尔坦斯基

2012年，书籍，多种尺寸
阿根廷国家图书馆装置图，布宜诺斯艾利斯

阿根廷布宜诺斯艾利斯旧国家图书馆的中央阅览室上方悬挂着一片书海。这些不同尺寸、不同色彩的书籍从不同的高度盘旋在参观者的头顶上方。正如这件作品的题名所示，这一场景令人联想起一群小鸟正展翅高飞，飞翔的动作犹如一张照片被定格了。然而，这些书籍并不是静止不动，它们会在轻柔的微风中摇摆和转动，微妙的动作为这个洞穴般的空间带来了生气。这件装置作品是对阿根廷著名的作家豪尔赫·路易斯·博尔赫斯的致敬，他是20世纪重要的文学人物。1955年，博尔赫斯被任命为布宜诺斯艾利斯国家图书馆馆长，他在这里工作了整整18年。在他的短篇小说《巴别塔图书馆》（1941年）中，宇宙便是一座浩瀚无垠的图书馆，人们在混沌中寻找意义。与公众所期待的公共图书馆中整齐而又系统化的书籍摆放不同，博尔坦斯基（生于1944年）作品中的书籍显得混乱而又随机，他正是通过这种摆放方式来体现"混沌中寻找意义"的创作动机。此外，这些书都无法阅读。正如这座旧图书馆，这些书籍被重新赋予了意义，不仅是对博尔赫斯的致敬，而且是向这座历史悠久的阅读场所的致意。

"我所能想象的天堂应该是
图书馆的模样。"

——豪尔赫·路易斯·博尔赫斯（1899—1986年）

荷兰国家博物馆2号

坎迪达·赫费尔

2004年,彩色合剂冲印,版本6
215 厘米×180 厘米(84 5/8 英寸×70 7/8 英寸)

译后记

　　这是一本与艺术、书籍、阅读者密切相关的书籍。2021年伊始，在我略读了此书的简介后，就决定承接此书的翻译任务，很大程度上是出于对这一主题怀有天然的好感和好奇。之后一年多的时间里，我的业余生活几乎都沉浸于翻译此书中，而翻译本身也是一次深度阅读过程。无论是从译者的角度，还是从读者的角度，这次"深度阅读"都让我受益颇多。一来在翻译过程中，饱览了来自世界各地博物馆和私人藏家近300件以书籍为表现对象的艺术品；二来在这本"书籍之书"中，艺术作品的选择和编排都强调了不同时代和文化之间的联系，而书籍生产方式和社会地位的变化——从早期只有极少数特权阶层可以享受的手抄本，到现代社会中普通大众都可享有的大众产品，带来了艺术家创作方式和创作题材的改变，因而此书也是一部有关书籍的文化史和以书籍为表现对象的专题艺术史。

　　从形象学的角度来说，此书既呈现了一个个性鲜明的阅读者形象，又是一幅艺术品中的阅读者的集体肖像。这些阅读者的形象包括圣徒、抄书员、德高望重的学者、心不在焉的阅读者、焚书者、女性读者等。不同的阅读者形象不仅传达出不同时代的文化和身份，也反映出藏书人的兴趣、品位、受教育情况，甚至社会地位。从这一角度来说，书籍正如画中人性格的延伸。另外，不同的阅读者反映出艺术作品的不同主题。早期的阅读者形象与《圣经》故事密切相关，"天使报喜"是祭坛画中常见的主题；在16—17世纪的荷兰绘画中，风俗画中的阅读者形象往往隐含着某种寓意，而在这一时期的静物画中，书籍是虚空主题流行的表现对象；到了18—19世纪，艺术作品中的女性阅读者形象流露出一种新的自我意识和独立意识。通过阅读，她们进入了一个私人领域，超越了父权社会的审查和监视。从阅读者的形象变化和艺术家的创作意图中可管窥艺术品背后的文化和价值观，以及书籍在塑造文化、传播价值观中所起到的重要作用。

　　当此拙译经过出版社、印刷单位各个环节工作人员的圣手，最终变成书籍，以其最佳状态呈现在读者面前时，希望有缘翻开书页的阅读者能够享受艺术和书籍带来的双重快乐。

王晓丹
2022年8月21日写于北京

图片版权

We would like to thank all those who gave their kind permission to reproduce the listed material. Every effort has been made to secure all reprint permissions prior to publication.
In a small number of instances this may not have been possible. Phaidon apologizes for any inadvertent errors or omissions. If notified, the publisher will endeavour to correct these at the earliest opportunity.

All measurements in captions are given height×width×depth unless otherwise specified.

All images © the artist.

p.4: Bridgeman Images. Photo © Christie's Images. Private Collection; p.14: © Vanni Archive/Art Resource, NY. National Archaeological Museum of Naples, Italy; p.15: The Phillips Collection, Washington DC (Licence: public domain); p.16: © CNAC/MNAM/Dist. RMN-Grand Palais/Art Resource, NY. La Piscine, Roubaix, France; p.17:
© RMN-Grand Palais/Art Resource, NY. Musée d'arts de Nantes, France.
© Tamara Art Heritage/ADAGP, Paris and DACS London, 2018; p.18: Scala/Art Resource, NY. Pinacoteca Civica Francesco Podesti, Ancona, Italy; p.19: National Gallery, London (Licence: public domain); p.21: Scala/Art Resource, NY. Pinacoteca Civica Francesco Podesti, Ancona, Italy; p.22: © CSG CIC Glasgow Museums Collection/Bridgeman Images. Kelvingrove Art Gallery and Museum, Glasgow; p.23: Rijksmuseum, Amsterdam (Licence: public domain); p.24: Paul Fearn/Alamy Stock Photo; p.25: Bridgeman Images. Private Collection; p.26: classicpaintings/Alamy Stock Photo. Museo Nacional del Prado, Madrid; p.27: Museo Nacional del Prado, Madrid (Licence: public domain);
p.28: Getty Images adoc-photos/Contributor. Bibliothèque nationale de France, Paris; p.30: Erich Lessing/Art Resource, NY. Rheinisches Landesmuseum, Trier, Gemany; p.31: Musée du Louvre, Paris (Licence: public domain); pp.32–3: Bridgeman Images. Galleria delle Marche, Urbino, Italy; p.34: Scala/Art Resource, NY. Church of San Marco, Florence; p.35: © RMN-Grand Palais/Art Resource, NY. Musée Condé, Chantilly, France; p.36: Bibliothèque nationale de France, Paris (Licence: pubic domain); p.37: Bridgeman images. Birkbeck College, London; p.38: © David Hockney/Private Collection; p.39: Courtesy of the artist. Photo: Stephen White; p.40: © Carol Bove. Courtesy the artist, Maccarone New York/Los Angeles and David Zwirner New York/London; p.41: Art Collection 2/Alamy Stock Photo. Musées Royaux des Beaux-Arts, Brussels; p.42: San Brizio, Duomo, Orvieto, Italy, (Licence: public domain); p.43: Getty Images DEA PICTURE LIBRARY/Contributor. Palazzo Vecchio, Florence; p.44: Photo © Liszt Collection/Bridgeman Images. Harvard Art Museums, USA; p.45: Collection Museum Boijmans Van Beuningen, Rotterdam. © ADAGP, Paris and DACS, London; p.46: Getty Images Mondadori Portfolio/Contributor. Sistine Chapel, Vatican; p.47: Scala/Art Resource, NY. Cathedral of Santa Maria Assunta, Siena, Italy; p.48: Erich Lessing/Art Resource, NY. Musée national du Moyen Âge, Paris; p.49: Art Resource, NY. The Metropolitan Museum of Art, New York; p.51: Photo Scala, Florence . Musée du Louvre, Paris; p.52: Courtesy of the artist and Corvi-Mora gallery; p.53: Tokyo National Museum (Licence: public domain); p.54: Erich Lessing/Art Resource, NY. Fontevraud Abbey, France; p.55: © Mernet Larsen, courtesy of James Cohan, New York; p.56: Scala/Art Resource, NY. Collezione Chigi-Saracini, Siena, Italy; p.57: The Metropolitan Museum of Art, New York; p.58 & p.59: Liebieghaus, Frankfurt (Licence: public domain); p.60: Národní Galerie/Karlštejn Castle, Prague (Licence: public domain); p.61: Dumbarton Oaks, Washington DC (Licence: public domain); p.62: Getty Images Fine Art/Contributor. The Cloisters, The Metropolitan Museum of Art, New York; p.63: Saratov State Art Museum, Russia; p.64: Getty Images Josse/Leemage/Contributor. Bibliothèque nationale de France, Paris; p.65: Peter Horree/Alamy Stock Photo. Nationalgalerie, Berlin; p.66: Art Collection 2/Alamy Stock Photo. Basilica of Santa Casa, Loreto, Italy; p.67: Victoria & Albert Museum, London/The Stapleton Collection/Bridgeman Images; p.68: Scala/Art Resource, NY. Chapelle de St. Sebastien, Lanslevillard, Savoy, France; p.69: © RMN-Grand Palais/Art Resource, NY. Musée Magnin, Dijon, France; p.71: Photo Josse/Scala, Florence. Musee de Grenoble, France; p.72: Muzeum Narodowe, Kraków, Poland (Licence: public domain); p.73: Rijksmuseum, Amsterdam (Licence: public domain); p.74: Bridgeman Images. Toledo Cathedral, Spain; p.75: akg-images/Erich Lessing. Musée d'art moderne, Troyes, France; pp.76–7: Courtesy of the artist; p.78: Museo Nacional del Prado, Madrid (Licence: public domain); p.79: © CNAC/MNAM/Dist. RMN-Grand Palais/Art Resource, NY. Musée national d'Art moderne, Centre Georges Pompidou, Paris; p.80:
Private Collection (Licence: public domain); p.81: J. Paul Getty Museum, Los Angeles (Licence: public domain); p.82: © Maya Lin Studio; photo: G.R. Christmas, courtesy Pace Gallery; p.83: Courtesy The Estate of Ken Kiff. Courtesy Pippy Houldsworth Gallery, London; p.84: © the artist; p.85: Bridgeman Images. Musee national d'art moderne, Centre Georges Pompidou, Paris; p.86: © Josephine Halvorson, courtesy of Sikkema Jenkins & Co., New York; p.87: Image courtesy the artist & Mary Mary, Glasgow; pp.88-9: Courtesy of the artist; p.90: Bridgeman Images. Museo internazionale e biblioteca della musica, Bologna, Italy; p.91: Courtesy of the artist; p.92: Photo: Larry Lamay. Courtesy the artist and greengrassi, London; p.93: Paul Fearn/Alamy Stock Photo. Private Collection; p.94: Museo Nacional del Prado, Madrid (Licence: public domain); p.95: Getty images DEA/G. DAGLI ORTI/Contributor.
National Museum of History, Chapultepec Castle, Mexico City; p.96: City of Detroit Purchase/Bridgeman Images. Detroit Institute of Arts, MI; p.97: Bridgeman Images. Private Collection; p.99: © RMN-Grand Palais/Art Resource, NY. Chateau-Musée, Nemours, France; p.100: Getty Images Fratelli Alinari IDEA S.p.A./Contributor.

Galleria Borghese, Rome; p.101: Erich Lessing/Art Resource, NY. Hohenbuchau Collection, Germany, on long term loan to the Princely Collections of Liechtenstein, Austria; pp.102–3: Erich Lessing/Art Resource, NY. Kunsthistorisches Museum, Vienna; p.104: Private Collection (Licence: public domain); p.105: bpk Bildagentur/Art Resource, NY. Alte Pinakothek, Munich; 106: Bridgeman Images. Museo Nacional del Prado, Madrid; p.107: © Wen Wu. Courtesy Riflemaker London; p.108: Lebrecht Music and Arts Photo Library/Alamy Stock Photo; p.109: Scala/Art Resource, NY. Monastery of San Nicolò, Treviso, Italy; 110: Photo © RMN-Grand Palais (Musée du Louvre); Adrien Didierjean. Gemäldegalerie, Staaliche Museen zu Berlin; p.111: Musée du Louvre, Paris (Licence: public domain); p.112: Gemäldegalerie, Staaliche Museen zu Berlin; p.113: Erich Lessing/Art Resource, NY. Collezione Molinari Pradelli, Marano di Castenaso, Italy; p.114: Musées royaux des Beaux-Arts de Belgique, Brussels (Licence: public domain); p.115: Buccleuch Collection, Drumlarig Castle, Scotland, UK (Licence: public domain); p.117: Rijksmuseum, Amsterdam (Licence: public domain); p.118: Christie's Images, London/Scala, Florence; p.119: © John Currin. Photo: Robert McKeever. Courtesy Gagosian; p.120: © Die Photographische Sammlung/SK Stiftung Kultur – August Sander Archiv, Cologne/ VG Bild-Kunst, Bonn and DACS, London; p.122: Andrew W. Mellon Collection, National Gallery of Art, Washington DC; p.123: Musee des Ursulines, Mâcon, France; p.124: © RMN-Grand Palais/Art Resource, NY. Musée Fabre de Montpellier, France; p.125: Private Collection (Licence: public domain); p.126: © RMN-Grand Palais/Art Resource, NY. Musée d'Orsay, Paris; p.127: Photo: Cecilia Heisser. Nationalmuseum, Stockholm (Licence: public domain); p.128: Museum Gouda, Netherlands (Licence: public domain); p.129: Private Collection (Licence: public domain); p.130: Scala/Ministero per i Beni e le Attività culturali/Art Resource, NY. Museo di Capodimonte, Naples, Italy; p.131: Erich Lessing/Art Resource, NY. Pinacoteca di Brera, Milan; p.132 & p.133: Private Collection (Licence: public domain); p.134: © CNAC/MNAM/Dist. RMN-Grand Palais/Art Resource, NY. Musée national d'art moderne, Centre Georges Pompidou, Paris. © ADAGP, Paris and DACS, London; p.135: Museo di Arte Moderna di Palermo, Italy. © DACS; p.136: Scala/Art Resource, NY. Church of San Domenico, Bologna, Italy; p.137: Bridgeman Images. Ashmolean Museum, Oxford, UK; p.138: Paul Fearn/ Alamy Stock Photo. Fondation Custodia/ Collection Frits Lugt, Paris p.139: ©RMN-Grand Palais/Art Resource, NY. Musée des Beaux-Arts de Bordeaux, France; p.140: Getty Images Leemage/ Contributor. Duomo Museum, Florence;

p.141: Private Collection (Licence: public domain); p.142: Private Collection; p.143: Odessa Museum of Western and Eastern Art, Ukraine; p.144: Museo Poldi Pezzoli, Milan (Licence: public domain); p.145: Frans Hals Museum, Haarlem, Netherlands; p.146: Museo Nacional del Prado, Madrid (Licence: public domain); p.147: Ashmolean Museum, Oxford, UK (Licence: public domain); p.148: Erich Lessing/Art Resource, NY. Église de Molompize, France; p.149: Private Collection (Licence: public domain); p.150: Gift of Mrs. Hope Williams Read, 1962, The Metropolitan Museum of Art, New York; p.151: Bridgeman Images. Gallery Oldham, UK; p.152: Bridgeman Images. Touchstones Rochdale, Lancashire, UK; p.153: Brighton and Hove Museums and Art Galleries, UK (Licence: public domain); p.154: Peter Horree/Alamy Stock Photo. Alte Pinakothek, Munich; p.155: Bridgeman Images. Manchester Art Gallery, UK; p.156: Brighton and Hove Museums and Art Galleries. © Reproduced with permission of the estate of Dame Laura Knight, DBE, RA, 2018. All Rights Reserved; p.157: National Gallery, London (Licence: public domain); p.158: Gift of Peter Sharrer, 2004, The Metropolitan Museum of Art, New York (Licence: CC0 1.0); p.159: De Agostini Picture Library/G. Cigolini/Bridgeman Images. Galleria d'Arte Moderna, Milan; p.160: ACTIVE MUSEUM/Alamy Stock Photo. National Gallery of Art, Washington DC; p.161: National Gallery of Art, Washington DC (Licence: public domain); p.162: Purchased with the assistance of the John Feeney Bequest Fund, 1956, Birmingham Museums and Art Gallery, UK (Licence: public domain); p.163: © Heirs of Josephine N. Hopper, Licensed by Whitney Museum of American Art. Private Collection; p.164: Photo: O.Væring. Private Collection; p.165: Royal Scottish Academy of Art & Architecture (Diploma Collection). Photo: Antonia Reeve; pp. 166–167: The Horace P Wright Collection, Museum of Fine Arts, Springfield, MA; p.168: Bilbao Fine Arts Museum, Spain (Licence: public domain); p.169: Private Collection (Licence: public domain); p.170: Manchester Art Gallery, UK (Licence: public domain); p.171: bpk Bildagentur/Art Resource, NY. Nationalgallerie, Berlin; p.173: ART Collection/Alamy Stock Photo; p.174: Ferens Art Gallery, Kingston upon Hull © Estate of Louis le Brocquy; p.175: © 2003, Kerry James Marshall. Smithsonian American Art Museum; p.176: Photo Scala, Florence. Musee Picasso Paris. © Succession Picasso/DACS, London; p.177: Private Collection. © Salvador Dalí, Fundació Gala-Salvador Dalí, DACS; p.178: Bridgeman Images. Musee d'Art Moderne de la Ville de Paris, Paris, France; pp.180-181: © The Estate of Patrick Caulfield. All rights reserved, DACS; p.182: classicpaintings/Alamy Stock Photo. Private Collection; p.183: Tate, London (Licence: public domain); p185: Photo © Christie's

Images/Bridgeman Images. Private Collection; pp.186-187: Private Collection; p.188: Thompson, Sir (Henry Francis) Herbert, Bart 1920, Fitzwilliam Museum, Cambridge, UK (Licence: public domain); p.189: © Tracey Emin. All rights reserved, DACS, p.190: Los Angeles County Museum of Art, Partial and Promised Gift of Barry and Julie Smooke Art © Alex Katz/Licenced by VAGA, New York, NY Digital Image © 2012 Museum Associates/LACMA. © Alex Katz, DACS, London/VAGA, New York; p.191: Courtesy Dennis Oppenheim Estate; p.192: Kunstmuseum Bern, Switzerland (Licence: public domain); p.193: © 2017. Digital image, The Museum of Modern Art, New York/ Scala, Florence. © ARS, NY and DACS, London; p.194: Museo Nacional del Prado, Madrid (Licence: public domain); p.195: Album/Art Resource, NY. Private Collection, Madrid, Spain; p.197: Niday Picture Library/Alamy Stock Photo. Smithsonian American Art Museum, Washington DC; p.198: Van Gogh Museum, Amsterdam; p.199: Art Collection 2/Alamy Stock Photo. Brooklyn Museum, New York; p.200: Christie's Images, London/Scala, Florence; p.201: Photo: Dorka Hubner; p.203: Erich Lessing/Art Resource, NY. Národní Galerie, Prague; p.204: Getty Images Vincenzo Fontana/Contributor. Francis Lehman Loeb Art Center, Vassar College, Poughkeepsie, NY; p.205: © Michael Craig-Martin. Photo: Mike Bruce. Courtesy the artist and Gagosian; p.206: ART Collection/Alamy Stock Photo; p.207: Photo Josse/Scala, Florence . Musée d'Orsay, Paris; p.208: Biblioteca Medicea Laurenziana, Florence (Licence: public domain); p.209: Erich Lessing/ Art Resource, NY. Kunsthistorisches Museum, Vienna; p.210: © British Library Board/Robana/Art Resource, NY. British Library, London; p.211: Private Collection (Licence: public domain); p.212: Sacristy of San Francesco della Vigna, Venice (Licence: CC BY-SA 4.0); p.213: Alfredo Dagli Orti/Art Resource, NY; p.214: The Archives/Alamy Stock Photo. Musée Fabre, Montpellier, France; p.215: Trinity College, Cambridge, UK (Licence: public domain); p.216: Musée d'Orsay, Paris (Licence: public domain); p.217: classicpaintings/Alamy Stock Photo. Musée d'Orsay, Paris; p.218: Purchased by the Rijksmuseum Amsterdam with support of the Stichting tot Bevordering van de Belangen van het Rijksmuseum, Amsterdam (Licence: public domain); p.219: Bridgeman Images. Private Collection, Switzerland; p.220: Courtesy the artist; p.221: Getty Images DEA/G. DAGLI ORTI/Contributor. Musée municipal de Bourg-en-Bresse, France; p.222: © MIker Lagos; p.223: Courtesy of Galleria Gallica, Milan © DACS 2017; p.224: Private Collection (Licence: public domain); p.225: © RMN-Grand Palais/Art Resource, NY. Palais des Beaux Arts, Lille, France; p.226: Private Collection (Licence: public domain);

p.227: Photo: Fine Art Images/Heritage Images/Getty Images. Private Collection; p.228: V&A Images, London/Art Resource, NY. Victoria & Albert Museum, London; p.229: Private Collection (Licence: public domain); p.230: Getty Images Imagno/Contributor. Belvedere, Vienna; pp.232–233: Courtesy of the artist; p.234: Tretyakov Gallery, Moscow (Licence: public domain); p.235: Getty Images Print Collector/Contributor. Museum of Modern Art, New York; p.236: © The National Gallery, London/Scala, Florence. National Gallery, London; p.237: SuperStock/Alamy Stock Photo. Musée du Louvre, Paris; p.238: National Gallery of Art, Washington, DC; p.239: Getty Images Photo Josse/Leemage/Contributor. Musée du Louvre, Paris; p.240: Private Collection/Bridgeman Images. National Portrait Gallery, London; p.241: Paul Fearn/Alamy Stock Photo. Nationalmuseum, Stockholm; p.242: Los Angeles County Museum of Art (Licence: public domain); p.243: © Fitzwilliam Museum, Cambridge/Art Resource, NY. Fitzwilliam Museum, Cambridge, UK; p.244: Frick Collection, New York (Licence: public domain); p.245: Photo: Georg Niedermeiser. Museum für Islamische Kunst, Staatliche Museen, Berlin; p.246: © ADAGP, Paris and DACS, London 2017. Tate, London; p.247: Christie's Images, London/Scala, Florence. Private Collection. © Estate of George Grosz, Princeton, NJ/DACS; p.248: Collection of the Hermitage, St Petersburg, Russia; p.249: 1878: acquired by Gemäldegalerie, Berlin. Photo: Raymond Ellis (Licence: public domain); p.251: Christie's Images, London/Scala, Florence © ADAGP, Paris and DACS, London 2017; p.252: Granger Historical Picture Archive/Alamy Stock Photo; p.253: © Estate of Roy Lichtenstein/DACS 2017; p.254: National Gallery of Victoria, Melbourne (Licence: public domain); p.255: Private Collection. © DACS; .p257: V&A Museum, London (Licence: public domain); p.258: © RMN-Grand Palais/Art Resource, NY; p.259: © Max Ferguson. Bridgeman Images. Private collection; pp.260-261: © Andreas Gursky/DACS 2018, Courtesy Sprüth Magers, Andreas Gursky, VG BILD-KUNST, Bonn; p.262: akg-images; p.263: © the Artist. Courtesy of Rosenfeld Porcini. Photo: Pablo Mehanna. Colección Gabriel Vázquez, Buenos Aires; p.265: akg-images; p.266: Henri Cartier-Bresson/Magnum Photos; p.267: © 2017 Zhang Xiaogang, courtesy of Pace Beijing; p.268: Private collection. Courtesy of the artist and Martin Kudlek Galley; p.269: Courtesy of Getty Images Print Collector/Contributor. National Gallery of Art, Washington DC; p.271: © The John Latham Foundation. Courtesy Lisson Gallery. Museum of Modern Art, New York; pp.272–273: Courtesy of the artist and Henrique Faria Fine Art. Kassel, Germany 2017; p.274: Painting © Balthus. Scala, Florence. Museum of Modern Art, New York; p.275: Courtesy the artist and Sperone Westwater, New York; p.277: Courtesy of the artist; p.278: Getty Images DEA PICTURE LIBRARY/Contributor. Burrell Collection, Glasgow, UK; p.279: Courtesy of the artist. Photo: Jeffery Sturges. Collection of Adam Baumgold, New York; p.280: Scala/Art Resource, NY. Kunstmuseum Basel, Switzerland. Chagall ®/© ADAGP, Paris and DACS, London; p.281: Jüdischen Friedhof, Krems, Austria (Licence: public domain); p.283: University Library, Cambridge, UK (Licence: public domain); p.284: Courtesy the artist and Frith Street Gallery, London; p.285: Biblioteca Capitolare, Vercelli, Italy (Licence: public domain); p.286: Private Collection; p.287: Museo Nacional del Prado, Madrid (Licence: public domain); p.288: © The John Latham Foundation. Courtesy Lisson Gallery; p.289: © Adrian Ghenie, courtesy Pace Gallery; p.290: Courtesy the artist; p.291: Courtesy of the artist; p.292: Art Resource, NY. The Metropolitan Museum of Art, New York; p.293: © Broomberg & Chanarin; Courtesy Lisson Gallery. Photography: Jack Hems. © Broomberg & Chanarin. All Rights Reserved, DACS; p.294 & p.295: Getty Images Jean-Pierre Lescourret. Saint Cecile's Cathedral, Albi, France; p.296: Getty Images DEA/A. DAGLI ORTI/Contributor. Mausoleum of Galla Placidia, Ravenna, Italy; p.297: © The Estate of Philip Guston, courtesy Hauser & Wirth; p.298: Sculpture © Bill Woodrow. Image © Bill Woodrow; p.299: Photo: Roman März © 2018. Photo Scala, Florence/bpk, Bildagentur für Kunst, Kultur und Geschichte, Berlin. Berlin, Nationalgalerie im Digitale. Hamburger Bahnhof, Staatliche Museen zu Berlin; p.300: © Joseph Kosuth Courtesy of the Artist and Almine Rech Gallery. © Joseph Kosuth. ARS, NY and DACS, London; p.301: © Richard Wentworth; Courtesy Lisson Gallery. All Rights Reserved, DACS; pp.302-303: Courtesy of the artist and Greene Naftali, New York. Photo: Tom Bisig, Basel; p.304: © Erich Lessing/Art Resource, NY. Bibliothèque Municipale, Reims, France; p.305: Courtesy of Rosamund Felsen Gallery. Photo: Grant Mudford; p.306: © Lisa Milroy 2017; p.307: © William Kentridge. Courtesy of the artist and Marian Goodman Gallery; p.308: Courtesy of the artist and Metro Pictures, New York; p.309: Art Collection 4/Alamy Stock Photo. Musée cantonal des Beaux-Arts de Lausanne, Switzerland; pp.310–311: © DACS; p.312: ART Collection/Alamy Stock Photo. Brooklyn Museum, New York; p.313: © Yinka Shonibare MBE. All Rights Reserved, DACS 2017.; pp.314-315: Photo: Anil Rane; p.316: © Ed Ruscha, courtesy for the artist and Gagosian. Tate, London/National Galleries of Scotland, UK; p.317: © Harland Miller. Photo: Todd-White Art Photography. Courtesy White Cube; p.318: © Richard Prince, courtesy Sadie Coles HQ, London; p.319: © Julian Opie; p.321: © Steve Wolfe. Courtesy of the artist and Luhring Augustine, New York.; p.322 & p.323: © Tom Phillips. All Rights Reserved, DACS; p.324: Print Collector/Contributor. Bibliothèque Nationale de France, Paris; p.325: Photo: Todd White Art Photography. Courtesy the artist and Lisson Gallery, London; p.327: Skokloster Castle, Sweden. Photo: Jens Mohr (Licence: CC0); p.328: Getty Images DEA/A. DAGLI ORTI/Contributor. Abbey of Montecassino, Italy; p.329: Courtesy the artist and Tanya Bonakdar Gallery, New York; p.330: 19th era/Alamy Stock Photo. National Portrait Gallery, London; .p.331: © Rachel Whiteread; Courtesy of the artist, Luhring Augustine, New York, Lorcan O'Neill, Rome, and Gagosian Gallery. Hirshhorn Museum and Sculpture Garden, Smithsonian Institution, Washington, DC; p.332: © BnF, Dist. RMN-Grand Palais/Art Resource, NY. Bibliothèque nationale de France, Paris; p.333: Private Collection, Shang-hai, courtesy the artist; p.334 © Estate of Jacob Lawrence. ARS, NY and DACS/Artimage, London 2017. p.335: Photo: Aurelio Amendola; pp.336-337: Courtesy of UNTREF. Biblioteca Nacional de Buenos Aires; p.339:
© Candida Höfer, Köln/VG Bild-Kunst, Bonn and DACS, London 2017.

作者简介

大卫·特里格（David Trigg），英国布里斯托尔大学艺术史博士，国际艺术评论家协会会员。评论家、艺术领域研究者、英国费顿出版社特约作者，并为多种出版物如《艺术月刊》（Art Monthly）、《艺术评论》（Art Review）、《弗里兹》（Frieze）、《艺术论文》（Art Papers）等撰写文章和评论。

译者简介

王晓丹，毕业于中国美术学院，现就职于北京外国语大学。译有《描绘的艺术——17世纪的荷兰艺术》《电影的历史》《记忆断片——巴克森德尔回忆录》《两难之境——艺术与经济的利害关系》《乔治亚·欧姬芙》《杰克逊·波洛克》《化身博士》《艾米莉的诗样年华》以及《白晋使法行记》（第二译者）等20部作品。在《新美术》《美术研究》《国际汉学》等学术期刊上发表文章若干篇。

343